QE退潮

大逆转中的风险与机遇

陶冬 著

中国人民大学出版社

·北京·

自序

　　世界上恐怕没有那个国家的经济学家的地位如中国经济学家那么显赫。其他国家有个别经济学家地位尊崇、收入丰厚，但作为一个群体却不过尔尔。经济学在中国是一门显学，中国的老百姓和政府对GDP异乎寻常地关注，中国人对股市异乎寻常地热情，中国经济学家在各种论坛、媒体平台指点江山的机会比他们的海外同行多出许多，工资外收入也高出一大截。

　　经济学家们热衷于预测GDP的增长速度，鲜有人去追究这些数字到底有多准确，更少有人勇敢地指出GDP数字与股市表现其实关联不大。经济学家们热衷于对各种政策作出解读，甚至给出一些政策内幕，却鲜有人对政策的摇摆（甚至朝令夕改）提出异议。中国经济正处在一个大时代的转接处，如何从历史的角度去认知、筹谋这种趋势性改变，谈论似乎很不够。

　　在笔者看来，中国经济已经进入了后工业化时代，过去靠工业生产、基建投资拉动的增长模式已经成为历史，过去十年的那种工资暴涨、房价暴涨也已经成为历史。如果这个判断属实，未来十年的潜在经济增长率也许只有4%。其实能够达到

4%的增长，已经是了不起的成就了。第二次世界大战以来，还没有一个国家在脱离工业化进程后还能够维持这个增长速度，中国之所以有这种可能，是因为我们的储蓄率目前高达28%，这为消费提供了额外的助力。

接下来的十年，中国经济靠消费带动，对此多数人不会质疑。讲得比较少的是，消费的主体会由目前的60后、70后，转向90后以及之后的00后。新一代消费者，从来没有经历过物质匮乏的日子，更崇尚个性和消费体验，他们的消费模式和他们的父辈有巨大的差别。这种情形对一些企业是危机，对另一些企业则是商机，对于中国经济、全球消费则意味着结构性变化。

基于大数据和深度学习的人工智能时代，正在悄然而至。摩根大通（JP Morgan）的人工智能软件，只用几分钟的时间，就处理了律师、会计师需要35万小时才能完成的工作。马云从阿里巴巴到无人超市，给零售业带来一阵阵寒意；淮海路上百货商店的今天，也许就是部分零售业的明天，就业市场面临重大的冲击。互联网进化到物联网，也许有一天，装上了芯片的鞋子比我们的大脑更聪明，一辆汽车的智慧比整个美国航空航天局还高。这是一个令人向往的未来，也是想想有点可怕的未来。

过去几年，中国经济增长靠的是信贷扩张拉动的，其特征是银行表外信用快速扩张，民营企业投资明显放缓，政策的乘数效应每况愈下。这种政策带来的后果是，整体经济杠杆率迅速攀升，房地产价格被炒到世界高水平，一旦房地产市场出现调整，人们会突然发现中国经济中最强的一环（老百姓的储蓄）

和最弱的一环（地方政府和房地产商的债务）被牢牢地捆绑在一起，其系统性风险不言而喻。为了化解风险，政府将去杠杆、防风险摆到了前所未有的政策高度，资金成本开始上升、流动性缓慢地收紧。在笔者看来这是信贷周期转向的开始，中期来看，此举可能对中国的资产价格走势十分重要。

货币政策转向，不止中国一家。美联储加息提速，并将缩减资产负债表提上了议事日程。欧洲和英国央行也正在考虑改变货币政策基调，央行先后释放出缩表、加息的暗示。日本央行是几大央行中唯一按兵不动的，不过估计很快也会有所表示。2017 年是退出 QE① 的元年，货币政策已经进入了后危机时代，央行的单方向护航已经成为过去，但是如何调整政策却又心中无底，由此产生政策的不确定性，并带来市场的不确定性。

雷曼危机和欧债危机后，大家都意识到这个世界需要结构性改变，许多政治家在改变的旗号下登上权力的顶峰，然而改革却没有真正发生。在笔者看来，特朗普的税务改革是第一个从供给侧角度作出变革，试图重新燃起企业的投资积极性（animal spirits）。随着特朗普在美国政治上的不断碰壁，美国的结构改革似乎渐行渐远。缺少了改革，就没有生产力的改善，增长难的困局很难消失。目前的所谓增长，不过是超宽松政策堆出来的海市蜃楼，无法自主持续。等到下一次衰退到来时，恐怕央行还要重新祭出 QE。印钱无法替代改革，不然罗马帝国就不会灭亡了。

---

① 量化宽松（quantitative easing，QE），指中央银行通过购买国债等中长期债券，增加基础货币供给，向市场注入大量流动资金的干预方式，也称间接增加钞票。

中国在党的第十八届三中全会上提出了许多改革大计，不过近年真正落地的不多，希望十九大后，改革步伐能够加快。中国经济发展到今天，和三次结构性改革密不可分。农村改革、设立经济特区和加入世界贸易组织（WTO），每一次都触发了生产力的跳跃性发展，给经济带来一片全新的空间，中国需要一次类似的新突破。特朗普上台后，中美关系并未如想象的那么差，国人也松了一口气。特朗普是商人，是商人就有利益交换的空间。但是我们必须明白，美国重回亚洲是2010年提出的，跨太平洋伙伴关系协定（Trans-Pacific Partnership Agreement，TPP）是2011年发起的，这些都发生在特朗普进入政坛之前。300年世界近代史，充满着老大收拾老二的例子，中国现在已经历史性地坐到老二的位子上了。

这是一个令人向往的时代，一个充满挑战的时代，一个颇具不确定性的时代，一个与之前不同的时代，我们要有心理准备。

本书献给我的母亲徐英、父亲陶宝发和妻子吴晓丹。感谢编辑做出的努力，当然，文责自负。

目录

自序

壹 货币大周期已转势

贰 后危机时代的投资方向

(叁) 中国的货币周期与变奏

(肆) 后工业化时代的中国

壹

货币大周期已转势

退出 QE 已开始，
但挺难的！

2017年会因为退出 QE 而在经济史上留下一笔。

美国爆出雷曼兄弟事件后，不可一世的全球金融体系像多米诺骨牌一样坍塌了，一度被市场盛赞的金融创新成了"害人精"，最终需要央行政策创新，以 QE 的方式，挽金融巨澜于不倒。

美联储加息中国缩表

历经8年的非常规货币宽松政策已经开始回撤。美联储加息开启了货币正常化的第一步，市场利率纷纷上扬，资金价格开始回归正常化。2017年5月，公开市场委员会在会议纪要中首次公开披露收缩资产负债表的构思，货币正常化的第二步箭在弦上，流动性数量随着央行收缩资产负债表而回归正常化。

无独有偶，中国人民银行的资产负债表在第一季度也出现了被动式缩表。在严厉监管和金融业反贪腐的夹击下，中国的商业银行明显地削减了表外金融活动，商业银行缩表也已展开，中国经济的流动性开始下降。欧洲央行暗示政策变招已在讨论日程中。

世界上最大的三个央行先后进入缩表程序，全球流动性退潮成为不可回避的新趋势。当然，目前流动性极度充裕，决策者既没有政治意愿也没有通胀压力做大动作，令全球经济陷入衰退。QE退出在可预见的未来都是温和的，属于"摸着石头过河"的性质，不过危机时期非常规货币政策已经进入了回收期。

QE回收期还会重来吗？

退出QE其实挺难的。笔者预言，货币环境正常化可能几年后就会反复，QE再现也不出奇。

放眼望去，今天世界各大经济体的增长，都是靠货币幻影撑起来的。危机后痛定思痛的改革，几乎全部是雷声大雨点小，最后不了了之。奥巴马靠"变革"口号上台，8年后下台了也没有见到什么改变。特朗普总算有一个税制改革的供给侧突破方案，不过在施政和"通俄门"的一系列挫败之后，改革大计恐怕要被吹到爪哇国去了。

没有改革，就没有生产力的提高。缺少制度性突破，就难以重新燃起企业家的投资热情。全球消费早已创出历史新高，但是全球投资却裹足不前。如今缺少的不是需求，而是投资信心，这个不是靠货币扩张或财政刺激可以解决的。

随着货币扩张力度下降，财政刺激又"只闻楼梯声"，全球增长很快就会回落。当经济重现衰退，而结构性变革又裹足不前，唯有重施货币宽松才能刺激经济。笔者认为，QE在短期面临回收期，但是早晚还会重新来临，全球范围内超低利率的情景会持续相当长时间——直至改革或科技革命带来生产力的突破。

（2017年6月）

万年
QE?

2016年8月底在美国怀俄明州杰克逊霍尔召开了全球央行年会，该届年会的主题是"设计有弹性的未来货币政策框架"，但是会议的焦点被美联储三席耶伦的利率宣示所裹挟，媒体报道充斥着"近月重回渐进式加息是适合的"。

2016年以来，关于QE失效的声音此起彼伏，观点由民间经济学家蔓延到政府内部，本次年会也屡屡听到诸如QE政策接近弹尽粮绝，以及QE政策未能帮助到实体经济的说法。这是"设计有弹性的未来政策框架"成为这次年会主题的主要原因。

货币幻影欲罢不能

但是，短期政策的变化和预期，稀释了对中长期货币框架的关注。QE从金融危机中的权宜之计，变成了政策常态；超宽松货币环境并未刺激投资，却带来资产价格的暴涨；零利率甚至负利率威胁着储蓄这个现代资本主义的基石，也威胁着银行、保险等行业的稳定；日本、欧洲的央行在大量收购国债之后，均面临无债可买的窘境。英国亦如此。央行迫切需要重新审视长期的货币金融架构，审视自己提出的政策目标（通胀、增长）在今天是否合理。

然而，新货币框架出现的前提是经济真正企稳，增长不再靠货币幻影来打造。唯有体制改革和制度创新，才能令经济得到真正的增长动力，走出危机。但是改革与创新，势必触动既得利益，掀起更大的选民风暴，那些靠承诺改革上台的政客，最终又回到刺激政策的老路。

这些年喊出"变革"口号的政治家很多，真正落到实地、干成实事的凤毛麟角。全世界兜来兜去都是货币宽松政策，等到实在做不下去，换种形式又继续宽松。

日本银行已经买下政府三分之一的国债，剩下的JGB（日本政府债券）多握在银行、保险公司手中作为资本金，金融机构很难将剩余的债券释放到市场上，国债变得买无可买。日本银行想出了购买ETF（交易型开放式指数基金）、公司债，甚至外国债券等变通方法，继续实施质化和量化的货币宽松政策（quantitative and qualitative monetary easing，QQE）政策。为了支持安倍晋三新的经济刺激措施，日本政府可能推出永续债，日本银行也会毫不犹豫地买下技术上已经破产的政府债券，并允许其不断续借。QE摊子越铺越大，政策力度越来越强，央行想的不是如何退出，而是怎样加码。如同电影《红舞鞋》，一旦穿上了QE这双舞鞋，芭蕾舞就只能不停地跳下去，直至崩溃。

QE——凡药三分毒

凡药三分毒，QE政策也有副作用。首先，QE扭曲了资本的价格信号，人为干预了资产的供求。欧洲的债市、美国的股市、中国的房市，都是流动性过度发行之下的资产价格膨胀，结果是企业宁可发债回购股票也不做投资，老百姓离弃银行用资金狂炒房子。金融投资的疯狂和实体投资的凋敝，实际上是一枚硬币的两面。全球范围内资金"脱实入虚"的一个重要原因，就是资本的价格信号被扭曲了，错误不在于炒作的资金，而在于央行的 QE 政策。

其次，动摇了储蓄根基，弱化了金融业的资本金。现代资本主义是建立在储蓄和投资两块基石之上的。雷曼危机动摇了投资基石，无论央行如何用尽洪荒之力，企业投资迄今未能康复。央行 QE 之下，储蓄收益率急剧下降，许多零风险资产目标更见负利率。负利率严重侵蚀着银行赖以为生的息差；零收益让退休年金、保险业务入不敷出；超低储蓄利率，将资金挤出银行，攀爬风险曲线以求回报。这几项中任何一个出事，都应该比 2008 年投资银行的危机更震撼、冲击面更广。

万年 QE 不是没有可能，但必须满足一个条件，就是没有外力或突发事件打破央行—政府—金融市场之间流动性互倒的暂时性均衡。无论什么原因，如果通胀出现，央行就无法无底线地印钞票；如果极端政客上台，政府未必能维持 QE 只帮富人的现状。但是，在估值十分进取的资本市场，出现黑天鹅事件的机会也是比较大的。

（2016年9月）

世界经济的
六个问题

2016年，市场动荡且充满不确定性，不少投资人开始关心2017年的经济展望，其中可归纳出六大问题，一窥未来全球趋势，以及可能带给市场的影响。

2016年的世界充满了意外，从英国公投到美国总统选举，从石油价格到人民币汇率，市场被不确定性所笼罩。

不确定性，可能就是未来经济与市场的最大确定性。2017年应该又是"黑天鹅事件"横飞的一年。黑天鹅事件本身有其不确定性，不过，当政治、经济、社会、政策走偏锋行极端时，市场动荡加剧却又是符合逻辑和可预期的。

笔者认为，以下六大问题将主导2017年全球经济的走向，并对市场带来重大影响。

1. 美国总统特朗普的刺激政策可以走多远？

特朗普力主扩大基础建设、削减税率，从财政政策入手带动美国经济，这对连续8年依靠量化宽松政策来维持增长动力的主流政策不啻是清新的思路。市场对此也做出了回应，美股屡创新高，美债遭到抛售。

"特朗普通胀"目前尚缺乏细节，如何弥补庞大的资金缺口亦不清楚，政策产生的乘数效应未必有多大。特朗普政策可能是里根式的财政革命，也可能是不切实际的狂想。

2. 资金成本突涨，是否带来意外？

美国重启加息，中、欧、日央行重新考虑政策选项，"特朗普通胀"更改市场预期，全球债市遭遇了近10年来罕见的抛售，资金成本暴升，债市集资遭遇寒流，银行降低杠杆。这是对过去8年央行单边护航的反击，而且来得十分突然。

总体而言，世界范围内的资金成本水平依然十分低下，不过反弹之快却可能令高杠杆企业、基金措手不及。笔者认为，2017年的信用违约风险明显上升，是否由此触发系统风险、引起市场恐慌不得而知。

3. 美元还能升多久，对新兴市场又意味着什么？

美国经济的自生动力比其他国家好一些，美联储率先加息，美国政府在启动财政刺激措施上政治意图明显，劳工市场已接近完全就业，通货膨胀的压力相对较大。这使得美元处于强势货币轨道，因此加速了资金流入美元区，支持美元汇率进一步升值。

美国之外的其他经济体在增长动力上仍然乏善可陈，也拔高了美元基本面的相对优势。美元升值通常不利于新兴经济，不时引发危机。但是美元已经连续升值了7年，颇有高处不胜寒之感，出现调整也不稀奇。

4. 石油价格能不能维持强势？

石油输出国组织（OPEC）时隔8年首次达成减产协议，而且与非石油输出国组织成员国之间也有控制产量的谅解，石油价格低位反弹。但是，减产协议的细节并不清晰，成员国能否遵守协议更是未知数。

另一方面，全球石油需求已进入复苏轨道，供需关系预计在2017年逆转。许多产油国的财政状况十分糟糕，联手减产是最优选择，但是历史上，囚徒困境下的产油国选择"偷步"生产的情况十分普遍。沙特阿拉伯准备将沙特阿拉伯国家石油公司（简称沙特阿美，Saudi Aramco）上市，也为油价走势增添了变数。

5. 通胀是不是真的回来了？

石油价格会在2017年成为物价上涨的一个动力。美国的工资、中国的食品，预计也会带动全球最大的两个经济体的CPI（居民消费价格指数）反弹，而欧日经济则暂时未见明显的核心通胀压力，不过有些通胀压力是可以彼此传染的。国债市场已经在预期长期的通胀水平会出现回升，不过仍无法在实体经济中确认。

通货膨胀一词在2008年金融危机后几乎被人遗忘了，不过这次有可能回到人们的视野。2016年CPI通胀在全球范围内都不高，各国央行异口同声地表示这是暂时现象，不影响货币政策的基调。

通胀对货币政策、资金流向、利率水平影响十分深远，进而制约了经济增长。

6. 中国在改革的道路上可以走多远？

中国经济短期已企稳，中央经济工作会议将工作重点放在促改革与防风险上，推动经济"脱虚入实"，这是一次可喜的政策改变。但过去几年，改革雷声大雨点小，如何抓住这次窗口期带来的机会，切实打破国企垄断、降低营商成本、启动民间投资，仍有很长的路要走。

中美关系存在很大的不确定性，人民币汇率受压，金融风险经久不散，也为深化改革增添了难度。政府已经将去杠杆、防风险放到前所未有的高度，这是重要的、正确的，唯有改革才能让经济重回可持续增长的轨道。

（2016年12月）

看世界
经济大局

2017年上半年，扰动人心的政治黑天鹅事件没有发生。不过，从"科米门"到英国脱欧的巨额罚款，再到一系列恐怖袭击，世界并不太平。

这段时间，美国劳工市场强势复苏，中国GDP增长反弹，不过，最有趣的故事来自欧洲。欧洲经济活动开始加速，第一季度GDP增长速度甚至超过美国。在确认法国选举不至于出现大差错之后，资金由债市流向股市，由美国流向欧洲，欧元区资产受到追捧，欧元转势。尽管英国面临艰难的脱欧谈判和外资撤离，英镑也触底反弹。

在货币政策上，除了加息之外，美联储开始讨论收缩资产负债表，持续7年有余的QE进入退出程序。中国人民银行政策立场仍为稳健中性，不过中国的市场利率一再上扬，央行的资产负债表率先收缩，在"去风险，强监管"的逆境下，货币环境明显收紧。欧洲央行碍于政局的不确定性，政策言论上维持鸽派立场，但却听任市场利率的上升，市场也在揣测欧洲中央银行2018年缩表。日本经济相对疲弱，日本银行维持QE的态度最坚决。

货币正常化第二阶段

本轮增长的短周期已经于2017年第一季度见顶。各项领先指针以及出口订单反馈显示，经济活动已经陆续放缓。市场寄予厚望的美国与中国的刺激政策，都可能雷声大雨点小。特朗普与国会关系进一步恶化。他的税制改革和经济刺激措施势必受到建制的挑战，改革缩水甚至难产的可能性愈来愈高。中国政府看来已经将政策重点由"保增长"移向"防风险"，表外信用收缩和金融反腐全面展开，中国面临的不仅是资金成本上升，更是流动性和监管的收缩。这种举动长远来看有利于降低系统性金融风险，不过短期却不利于增长，甚至可能刺激信用违约的个别事件。

全球货币环境正常化，已经进入第二阶段，美中欧央行分别收缩资产负债表，这应该是今后数年的一个重要经济看点。不过各国经济的复苏根基并不扎实，增长数据中存在着大量QE所带来的货币幻影，市场情绪也不稳定，没有一个国家希望本国汇率大幅升值，所以缩表活动在可预见的未来都会比较温和，带有强烈的试探色彩，随时准备"纠错"。一旦经济出现明显下滑，不排除货币政策重回QE。

尽管如此，必须强调收缩流动性可能给经济和市场带来的更直接的威胁。尽管利率有所上升，但比起历史水平还是很低的。经济与市场某些部门已习惯于央行源源不断地提供廉价的流动性，一旦借贷断流，信用风险可能增加。

汇率走势飘忽不定

特朗普当选，一度增加美国政商界对贸易保护主义的担心，现在看来出现全面贸易战的可能性不大。作为候选人，特朗普可以发出任何狂言，但作为总统，特朗普就受到体制和现有政策的制约。特朗普内阁在执政上被国会搞得焦头烂额，已经失去了当选时的锐气，他们的当务之急乃是推动税务改革，贸易战被高叫价的双边贸易谈判所取代，不过惩罚性关税个案仍将出现。特朗普政府的执政能力还受到通俄调查的严重干扰。

各国货币政策存在很大的不确定性，经济增长也呈此消彼长状态，政治局势复杂多变，2017年的一个突出特点就是汇率走势飘忽不定。笔者看来，美元仍是强势货币，毕竟美联储是唯一敢于直言加息、缩表的，但是资金流入欧元区和日元的避险功能带来短期的波动，更让今年的汇市有更多的悬念。

石油价格是今年的另一个悬念。为了沙特阿美石油公司上市卖个好价钱，沙特阿拉伯在减产上表现空前积极，但是美国新增产能却不断上升，库存居高不下，石油输出国组织和俄罗斯遵守协议的意愿将决定油价的走向。

（2017年5月）

全球
通货膨胀风险

2017年第一季度，美中欧日通货膨胀出现了全方位的上升。通胀源头不尽相同，通胀力度不尽相同，市场对此的反应却颇为一致，皆未予以重视。

货币政策正常化势必提速

美国的通货膨胀症状最明显，工资、租金、医疗成本同步上升，服务业通胀明显。制造业通胀则受到强美元的抑制，暂时不成气候。美国的经济复苏快过世界其他地区，劳工市场在危机后曾经沉寂多时，不过近年明显加快了步伐。笔者认为，美国已经接近完全就业状态，劳工需求的进一步增加不可避免地会拉动工资上扬。特朗普的财政刺激政策和制造业重回美国，也会加大工资上涨的压力，扩大涨工资的产业范围。CPI突破美联储设定的政策目标只是一个时间问题。

如果这种情况出现，美国的货币政策正常化势必提速，美联储主席耶伦在国会听证会上的表述，反映出美国决策者对经济增长的乐观和对价格压力的担心。美联储政策的大格局未变，仍然是逐步收紧（gradual tightening），不过开始变成紧急－逐步收紧（urgent gradual tightening），拖延加息脚步变成不明智了。

原材料价格的暴涨

中国经济尚未出现美国那样的全面改善，但增速已经止跌回升。2016年下半年在PPP^①主题下，基础设施投资成为稳定增长的主要动力。银行贷款和全社会融资在2017年1月更曝出史无前例的天量，以致央行在此之后开始抑制贷款、推高资金市场的利率，民间投资仍欠火候，相信GDP增长在2017年上半年会有良好表现。中国的通胀压力来自原材料价格的暴涨，企业的成本压力巨大，即使无法将上游压力全部转嫁，也会慢慢渗透入下游价格中。

非食品价格所面临的上升压力近年罕见。这轮靠期货和库存拉动的原材料价格飙升，对实体经济的伤害会在2017年显现出来。中国人民银行已经开始调整货币政策，防范金融风险。估计CPI通胀会进一步上升，逼近甚至突破3%。3%的通货膨胀对于中国不是什么大事，不过央行的心理压力可能凸显，需要继续推升市场利率来维持实际利率。2017年政策基调是维稳，但是持续的市场利率上扬，为2018—2019年经济去杠杆埋下了伏笔。

---

① 政府和社会资本合作（public-private partnerships，PPP）是公共基础设施中的一种项目运作模式。在该模式下，鼓励私营企业、民营资本与政府进行合作，参与公共基础设施的建设。

石油供需平衡逆转

欧洲也同样面临CPI可升的情况，不过与美中不同，其内部价格压力并不明显，通胀源自石油价格和欧元贬值。欧洲不仅要面对一系列大选所带来的政治不确定性，还要应付卷土重来的希腊债务危机，欧洲央行目前的策略是以不变应万变，希冀熬过上半年的基数效应，2017年下半年的油价通胀应该消失。这种策略的关键假设是石油价格维持在目前的水平不再上升。然而，2017年是石油供需平衡逆转之年，预计短缺会再现。同时，特朗普与俄罗斯亲近，美国在石油价格上的态度已经出现微妙调整；沙特阿拉伯正式准备将沙特阿美石油公司上市，需要油价上升来推高估值。欧洲央行石油价格55美元的假设可能是错误的，2017年下半年CPI的预测也可能出现意外。比起美国和中国欧洲更没有收紧货币政策的底气，经济复苏相当脆弱，银行资本金严重不足，希腊债务危机隐隐欲现。德国对通货膨胀极其敏感，尤其在大选之年，选民对执政联盟相当不满。一旦通胀在2017年下半年没有回落，欧洲央行的政策就被动了。

市场对通胀风险估计不足

关于通货膨胀，日本的压力相对小一些。日本银行的压力，来自特朗普政府的汇率操纵指控。日本央行对10年期国债利率设定干预红线，明显属于市场操纵，人为压低了资金价格，制造日美国债利率上的差距，以此影响汇率。因此，日本的货币政策也面临变局。

　　笔者不是说通货膨胀一定失控，而是说市场对这种风险估计不足。事实上，2017年上半年的CPI通胀并不高，但是下半年可能回升，金融资产价格则一路虚高。在央行货币政策已经纷纷改变之际，通货膨胀压力可能加速变招，从而改变市场情绪，影响风险资产价格。

　　2008年全球金融危机后，曾经有几年货币政策是单边的，央行只会放水不会收水。这种政策立场对实体经济的帮助并不明显，却成就了一轮资产价格飙升。美联储加息、中国人民银行推高市场利率，标志着货币环境的改变。如果通货膨胀再现，则货币政策不仅在方向上出现改变，力度上也可能有变。

（2017年3月）

中国货币大周期
已经转势

格林斯潘以模糊语言大师著称，最经典的一句话是"如果你认为明白了我的话，你一定错了"。

格林斯潘从美联储主席位置退休之后，央行世界再无模糊语言大师，直至最近中国人民银行的言语出笼。中国人民银行奉行与市场沟通的原则，试图将政策逐步渗透到预期中，一旦措施出台，最好风险资产价格波澜不惊。

中国调高利率暗潮涌动

中国的货币政策语言和西方大央行不同，一般市场将"积极的货币政策"理解为"宽松"，"稳健的货币政策"理解为"中性"。中国央行官员在私下交流也认同这种解读。不过受到各方面的干预，这些年"稳健的货币政策"其实挺具有扩张性的，中国的货币发行和信贷扩张，远远快过明码实价标榜QE的美国、欧洲和日本。2017年的货币政策将政策表述改成"稳健中性"，以示中性，市场亦作此认知。

岂料市场利率持续上升。中国人民银行在2017年农历新年前调高了中期借贷的利率，之后更全面上调了逆回购中标利率。

中国人民银行提出"比中性更审慎"的概念，原来白色中也可以有更白的。接下来的权威评论又说，央行上调利率发生在货币市场，"不直接影响公众"，因此不等于加息。两个指引加在一起，晦涩程度和格林斯潘的言辞有一比。

其实中国人民银行很纠结。中国经济的债务杠杆非常高，房地产泡沫比比皆是，从防范金融风险出发，2017年以适当收缩银根起势无可厚非。但是实体经济的回暖并不牢靠，需求增长基本上是靠政策与信贷拉动的。除了个别城市之外，房地产成交量甚至房价正在回落。中美关系及全球市场存在着较大不确定性。资金外流的乱象也只是靠行政手段暂时控制住了。信心很重要，所以央行又要把明显的紧缩措施打扮得不那么紧缩。

北京三不要

中国货币政策的难处在于，要想有序处理高债务和资产泡沫，利率必须上升。

但是实体经济目前又承受不了多少加息，收得太紧大量债务违约立刻出现，投资与消费信心也承受不了多少加息的冲击。美联储已经进入了加息周期，中国要么加息，要么让货币贬值，要么允许资金流走，但是北京似乎三者都不想要。

2017年将召开十九大，维稳大过天，更加重了货币政策的难度。政策工具选择了公开市场利率，回避了高调的加息举措；政策宣示变得晦涩多变，唯此才能有腾挪的空间。

其实中国的货币政策前景很简单，金融危机后的单边扩张环境已经消失，政策受到愈来愈多的限制，振兴实体经济、抑制金融泡沫成为国策。出于稳定经济的需要，政府可能在货币环境逐渐正常化的大趋势中做一些技术性的回撤，比如今年流动性的收缩可能滞后于资本成本的上扬，不排除中间再次增加银行信贷。

如果笔者对入实去虚、稳步降杠杆、稳定人民币汇率的大判断不错的话，中国的货币环境大周期已经转势，至于房价能撑多久、股市会不会反弹，都是"温水煮青蛙"效应。

（2017年1月）

壹　货币大周期已转势

人民银行缩表了，
你怎么办？

春雨润无声，大自然的起承转合来得柔和、低调，但是其背后所昭示的节气变更、周期轮回，却又毋庸置疑，无可逆转。

货币环境的起承转合，其实也有异曲同工之妙。中国人民银行的资产负债表，在2017年2、3月一举收缩了1.1万亿元，降幅达到3%。这是继2016年11月后央行第二次缩减资产负债表，从银行体系抽取资金流动性。再上一次缩减流动性（不计节日后回笼流动性），则是两届政府之前的事情了。

中国人民银行只做不说

美联储谈了三年的加息，结果中国的市场利率上扬得比美国的市场利率更多。美联储开始谈论缩表了，中国人民银行没有出声，结果却已经做了出来。美国央行光说不做，中国人民银行只做不说，倒是货币政策显现一道奇特的风景线。

2017年4月25日中共中央政治局开会讨论经济形势，会后声明中"稳增长"的重要性被明显推后，决策层更强调经济"新常态"、供给侧结构性改革和经济战略结构性调整。过去两届政府为了维持一定的增长速度而不惜代价扩张信贷的政策逻辑、政治意愿，悄悄地消失了。在笔者看来，这反映出经济政策顶层思维的改变，势必影响货币政策的思路，带动货币环境的周期性更迭。

资金脱实入虚的尴尬

货币政策出现基调性变更，始于2016年晚秋。"房子是用来住的，不是用来炒的"，此言朴实无华，却颠覆了过去十余年政策的逻辑，房地产过去一直被认为是经济增长的引擎，金融是撬动增长的杠杆。这种政策模式曾经为经济提供过增长的动力，但也触发了房价暴涨、企业成本飙升、资金脱实入虚的尴尬，甚至上演了保险游资围剿实体企业的一幕。

由于实体企业缺少投资积极性，央行的货币扩张未能被实体经济所吸收，大量流动性滞留在金融领域，于是在房价、土地拍卖、企业并购、股权重组中，中国经济实现了一次财富的重新分配。这场运动没有制造出多少价值，却带来了财富的转移，推高了企业经营成本，催生出系统性金融风险，发展下去甚至可能窒息实体经济。

换言之，巨额的货币扩张虽然营造出GDP数据的平稳，却可能成为风险滋生的温床。这种政策模式，似乎受到了最高层的质疑，中国经济政策的基调随之改变。

中国人民银行的货币政策，当然受到政策大基调的影响，同时也受到外汇占款下降和房价暴涨的冲击。外汇占款从来都是中国货币投放的一个主要渠道，过去十余年外贸顺差加上海外直接投资带来了大量的外汇涌入，人民银行通过发人民币债换取外币的形式来维持汇率稳定，一方面导致外汇储备激增，另一方面触发巨额的货币发行。这是中国货币超发的一个重要原因，也可以说中国扩张央行资产负债表的时间远早过美欧的QE，而且中国货币超发的力度也远大过世界其他国家。近年来外汇流向突然转势，令外汇储备持续下滑，外汇占款持续萎缩，人民银行的资产负债表出现被动式缩减，商业利率一升再升。

房地产——未来金融隐患

房价暴涨是央行的一个心病。货币供应大涨必然会带来价格的上扬。只是实体经济乏善可陈，无法消化新产生的流动性，所以资金滞留在金融领域，通货膨胀以资产价格而非消费物价的形式出现了。通货膨胀对于经济的杀伤力，在于其令经济走向变得不可持续，同时增加金融风险。这个风险相信央行早就看到并试图加以纠正，但是货币环境正常化的尝试一次次被"保增长"的政治任务所干扰，于是货币发行愈来愈多，全社会融资屡创新高，经济的杠杆愈压愈高且不均衡。

近来借贷杠杆主要来自房地产市场，将居民的储蓄与开发商的现金流以及地方财政捆绑在一起，埋下了未来金融隐患。"房子是用来住的"横空出世，为央行提供了货币政策回归常态的依据，货币政策连同按揭政策、房地产政策同步收紧，愈来愈紧。

房地产为王的时代一去不复返

在中国，流动性比利率重要，何况利率目前尚处在超低的水平。从这个意义上说，央行缩表的意义比市场利率走高更具杀伤力。当然，现在的流动性仍比较充裕，而且政府也没有打算打击实体经济，所以人民银行收缩资产负债表，在初期一般人未必有很深的感受，但是笔者相信货币环境正常化的拐点已经悄然到来。

对于一般人，这意味着什么？过去十数年，中国经济最大的故事就是房地产的资产升值——不停地升，所有预言房价下跌的人都被打了脸。其实，不是房地产没有周期，而是货币环境在过去十几年只有上升周期，没有下降周期。信贷周期被拉长，使得房地产周期也被拉长。如今，信贷周期的拐点已现。

所谓投资，就是对风险及回报的管理。在过去，房地产坐在信贷的风口上，无须太多顾忌风险，即可取得高额回报，甚至愈无视风险回报愈高。如果笔者对央行缩表的判断有一半正确，中国货币环境早已发生重大改变了，房地产市场勇者为王的时代一去不复返了。

投资有许多种类，可以根据周期进行买进卖出，也可以做跨周期投资安排，一切因立投资者的判断以及风险偏好，笔者无从置喙。不过必须强调，风险管理意识已经不再可有可无了。纵观世界近代史，房地产调整永远是财富的最大杀手。在货币环境大周期转势的时候，如何守住风险的门户？所有企业和个人都需要重新审视自己的投资。

（2017年4月）

贰

后危机时代的投资方向

特朗普交易
成为特朗普风险

2016年年初，没有几个人料到特朗普能够成为美国总统；2016年10月，没有几个人料到特朗普当选美国总统后美股、美债、美元会一起飞升，特朗普交易成了风险资产价格最大的助推器；2017年7月，已经没有几个人相信特朗普还能干成大事了。

特朗普携高民望以磅礴之势开启了他的变革之旅，他尝试过并失败了。他几乎全盘否定了奥巴马的政策，推出了一系列具有高度争议性的措施，但是几乎没有哪条得以落实。他在通俄门中的关系和解职FBI（美国联邦调查局）首脑上的处置手法，令其成为"跛脚鸭"总统。他浪费了共和党占据白宫和参众两院百年一遇的改革良机，他的四年任期可能意欲大展拳脚却最终无所作为。

期望愈大失望愈大

特朗普当选是美国选民对奥巴马政策的一种反弹。奥巴马以改革为旗号当选，但是任内除了严厉监管和医保改革外作为有限，靠美联储印钞票来改善经济、民生，结构性改革乏善可陈。特朗普提出改变税制结构、增大公共开支，其实是想从供给侧杀出一条血路，燃起企业家的投资热情，由此带动就业和结构转型。

特朗普的经济理念，对于一味 QE 的政策框架不啻是一阵清风，他的当选在市场上迅速掀起了 Trump Trades（特朗普交易）旋风，美股屡创新高，并带动全球风险资产罕见的同步上升。也许特朗普有人格缺陷，但是他的经济政策理念却不同于传统政客，市场对此期待甚高。

然而，期待愈高，失望愈大。特朗普刚上任，就被体制的绊马索撂倒。他不再能够靠大嘴巴和推特打天下，他用营商的手法管理国家根本行不通。原来国会议员不怕他的威胁，原来国家机构可以消极怠工，原来司法独立可以令他周身是蚁。特朗普的执政已经失控，信誉扫地，团队离心。在此环境下，很难想象特朗普内阁在改革上还能有大的作为。

股市向好少了一份支持

特朗普交易成为特朗普风险的机会与日俱增。美元汇率已经回到特朗普当选前的水平，美国国债利率也回到特朗普当选前的水平，唯有股市仍沉浸在创纪录的狂欢中。股市情绪高涨，有流动性的因素，有新经济的因素，有美国增长恢复而通胀不兴的因素，估值偏高但未至于离谱。不过，少了特朗普的政策支持，便少了一分持久向好的支持，多了一分风险。特朗普交易成了特朗普风险。

（2017年7月）

中国房地产
到周期尾部了吗？

"房子是用来住的，不是用来炒的。"

若干年后历史学家回顾今天，可能会指出以上这句话是中国本轮房地产市场由盛转衰的分水岭。这句话的历史意义在于，它颠覆了过去两届政府的政策逻辑。

这些年，房地产都被当作支柱产业，被政府用来拉动经济。金融被当作撬动GDP的杠杆，被政府用来稳增长。这种政策模式已经一去不复返了。"防风险"提得比"稳增长"还重要，这在中华人民共和国的历史上前所未有，房地产的好日子也因此差不多了。

流动性支持房地产投机

这几年中国房价飙升，很多人赚到了钱，也有不少踏空的。除了那些经济能力不足的，踏空的人往往是相对高学历，喜欢分析的。

从理性分析的眼光看中国的房地产，无论从供需还是库存，无论从人口结构还是可承受能力，担心油然而起。如果将中国的房价和世界其他地方比较，称其为泡沫一点也不过分，但是房价却长升长有。理性分析从出发点上就错了！

在中国，有些房子不是用来住的，而是用来炒的。这些年来房子的金融属性远远超过居住属性，所以低租金回报、高空置率都不是问题，投资者志在投资回报。这和股市上不看PE^①估值就冲进去是一个道理。支持房地产投机的是巨大不绝的流动性。中国人民银行在过去十年大规模扩张信用，而银行的金融中介功能却一路弱化，实体经济无法吸收新增长所需的流动性，资本管制下的资金也难以流向海外资本市场，房价想不升都难。

有长远需求不代表房价只升不跌

这种牛市的前提是源源不断的流动性扩张，而且规模愈来愈大，市场情绪持续亢奋。

有人说中国有13亿人口，但城镇化还有很长的路要走。需求不等于有效需求，有居住需求却买不起房子，需求就不是有效的。再看看住宅空置率以及周边的农地，有些说法其实似是而非。更重要的是，房地产有周期，房价可上可下，有长远的需求并不代表房价只升不跌，或跌完不会再升。欧美国家在城镇化的过程中，房价也有过起伏。

中国房地产市场也曾有过周期。20世纪90年代海南房地产市场集体烂尾、21世纪初上海政府需要提供户口和抵税来消化库存，就是两个例子。这些年，中国房地产市场好像只有上升

---

① 市盈率（price earnings ratio）是最常用来评估股价水平是否合理的指标之一。

周期没有下降周期，是因为货币政策只有扩张周期没有收缩周期，但是这种情况已经悄然改变了。

按揭利率迟早攀升

中国人民银行行长周小川明确指出，货币扩张周期已经接近尾部。这种表态对于央行来说实属罕见，但是从"房子是用来住的"和防风险角度看又是必然的。由于"房子是用来住的"的权威性和防范金融风险的迫切性，货币政策恐怕不会像过去几年那样朝令夕改，除非国内外形势出现巨大变局，货币政策趋紧是一个不可逆转的大趋势。

事实上，人民币利率在2016年升得比美元利率还快，直到最近，美联储是光说不做，人民银行是只做不说。2016年年初，国家开发银行10年期债券利率为3.1%，年底是3.7%，到2017年4月已经涨到4.3%了。国家开发银行债券是类主权债，基本上被看成零风险。如果零风险资产的回报已经达到4.3%，银行为什么还要以4.5%借出按揭贷款呢？银行同业票据利率也同样大幅上涨。我认为，尽管一段时间里政策利率被按住不升，但由于市场利率不断上扬，资金成本一升再升，按揭利率攀升只是时间问题，而且这在目前是"政治正确"的市场行为。

房地产周期和货币周期密切关联

中国房地产价格什么时候下跌？我无法预测时间点，毕竟流动性仍然十分充裕，资金成本长期偏低，其他投资渠道并不畅通，老百姓把砖头当作图腾膜拜，地方政府和地产商也在玩游戏。但是，必须指出的是，1990年日本房地产泡沫顶峰的时候，日本整个国家的住房价值相当于该国当年GDP的200%；2006年美国房地产泡沫顶峰的时候，美国整个国家的住房价值相当于该国当年GDP的160%。中国在2016年年中，此数值已经突破250%，这还没有包括在建住宅和囤地的价值。

　　在流动性泛滥、金融资产回报愈走愈低的今天，不动产有其升值的理由。但是要记住，房地产业有周期，房地产周期往往和货币周期密切关联。

（2017年4月）

地王井喷
与风险

2016年第二季度以来，在中国大地上起码产生了100个地王。在去杠杆、去库存的政策下，在严控风险、不良资产的声音下，供给侧改革尚未见成效，土地市场却一片红火。政策制定者的确有点尴尬。

土地市场的天价拍卖，在北上广深等一线城市层出不穷，更蔓延到南京、苏州、合肥、杭州、厦门等二线城市，竞价凶猛，涉及金额庞大。

三高三低

此次地王井喷，呈三高三低的特点。在拍卖上，单价高、总额高、土地溢价高，许多成交价颠覆了市场对住宅价格的现有估值与定价逻辑，不断激起"面粉价贵过面包价"的惊叹。以地王价建起的住房，必须卖到远远高过现在住宅市价才能出现盈利，不知是现在的房价便宜了还是土地价格太贵了。

在市场上，又有三低的现象，即土地储备/现金比率低、融资成本低、土地供应量低。

土地储备/现金比率低的部分原因是房企过去两年消耗了一

些土地储备，不过主要原因在于它们手中握有前所未有的充足的现金流，从银行贷款到资本市场集资路路顺畅，腰包鼓了，买地的意愿自然强了。

中国人民银行致力于降低融资成本，从发债到银行贷款，资金成本显著下降，这些对实体经济中的企业帮助不大，对开发商却如久旱甘霖。比起几年前靠信托和理财产品集资，如今的成本环境舒服多了。

最后，地方政府的土地供应量明显下降，财政收入压力颇大，土地拍卖愈低迷愈无人问津，于是制造供应短缺的假象，搞饥饿销售。地王是吸引眼球的销售策略，对地方政府和开发商均是好的销售技巧，一拍即合。

大型国企争夺地王

最近的土地拍卖中，大的上市公司往往抱得美人归。这和资金成本关系密切。资本市场融资和依靠资本市场的银行贷款，令这些企业的资金成本明显拥有竞争优势，将这种成本差距摊分到整个建设和销售期中，优劣立见。

大型国有房企在地王争夺战中，身影尤其矫健，斩获颇丰。它们在财务上得到银行的支持，在政策上受到地方政府的青睐，在关系资源上有母公司保驾护航，所以在拍卖中如鱼得水。2010年国资委要求大型国企退出房地产业务，如今它们却是房地产业最生猛的力量。

中国的房地产市场有没有泡沫，见仁见智。不过，今天北上广深一个厕所卖出去，可以在欧洲买下三室一厅永久产权公寓是事实。

房地产长升故事露出破绽

地王为什么会频出呢？可以说是地方政府的财政需要，营改增削去了地方政府一大块税收来源，而中央政府承诺给地方的新收入源（如房地产税），开征日遥遥无期。前几年基建建设出现的财政缺口尚未补上，不少地方县级行政连工资都发不出来。

这些年的宏观政策惊人地相似，就是将民间的高储蓄引导出来填财政的窟窿。2011—2013年的房地产热，就是炒高房价好卖地。2012—2015年的信托热，还是如此。接下来的A股热和地方债置换，依然如此。前面的故事玩不下去了，于是出现了房地产热2.0。

出来混，总要还。杠杆压得过高，一定积聚风险，而且，将经济中相对低风险的居民储蓄与高风险的地方债务、开发商现金流捆绑在一起了。中国的外部债务水平较低，并且实施资本管制，所以房地产市场没有在上轮的全球金融危机中遭受冲击，甚至受惠于政府的货币扩张政策，房价一再蹿升。但是债务水平迅速上升也是不争的事实，是风险所在。中国的债务问题是内债问题，境外评级机构、对冲基金的"唱衰"杀伤力有限，但是本土居民有朝一日不再玩这个循环游戏，或者货币政策出现转向，中国房地产的长升故事就会露出破绽。

（2016年6月）

一线与三线城市的房价 是否会有周期性背离?

中国房市的问题是地域性不均衡,而房市软着陆的前提是有效去库存。一线城市确有优势,但三线城市房价若出现大幅调整,一线城市很难不被殃及。

2016年农历年后,京、沪、深及个别二线城市房地产市场异常火爆,资金加速涌入,房价蹿升得令人瞠目。2016年3月底,沪、深、汉、宁纷纷推出楼市调控政策,新华社发文警惕房地产虚火,房市小阳春面临政策挑战。

中国房市地域性不均衡

这是流动性主导的楼市反弹,背后是充裕的流动性和不多的投资出路,升势集中在一线城市和个别二线城市,绝大多数三线城市并未受惠,部分地区更出现了资金的虹吸效应。

政府在房市的考虑是,引导民间高储蓄去化解住宅的高库存,但中国房市的问题是地域性不均衡。储蓄和购买力主要集中在沿海地带,尤其是超大城市。然而,近八成的住宅库存在三四线城市,那里的就业和收入增长都相对较弱。

一线城市的房价已经很高了,进一步飙升使得它和打工族的工资收入严重脱节。这些城市的房价收入比率或租金回报率名列世界前茅，无论从社会安定或从金融安全角度看，都是为政者的心腹大患。

化解库存压力

中国经济发展速度趋缓，政策边际效应递减，投资与出口疲弱，房地产政策是唯一能对实体经济有效操控的宏观工具。房地产业牵连的上下游行业极多，对整体经济撬动效应极大。卖地收入对于地方收入至关重要，目前地方政府的财政状况可谓捉襟见肘。政府此刻应不会轻易对房市痛下杀手，让经济引擎熄火。

政府不会反对房市上升，其意在引导社会资金配合消化房市库存，同时为经济注入活力。政策并非影响市场的唯一因素。此次房市调整是由高库存触发，乃市场因素主导。房市软着陆的前提是有效去库存，目前，中国已建成住宅的库存量超过7亿平方米，加上建设中的项目则超过11亿平方米，绝大多数位于三线以下城市。化解库存的压力仍是中国经济必须面临的考验。

笔者也不相信三线城市房价跌，一线城市房价还能照升。从购买力和土地供应看，一线城市确有优势，但一线城市明显存在泡沫迹象。地产商多数同时经营一线和三线城市，一旦三线城市出现大幅调整，一线城市很难不被殃及。或许一线城市的调整幅度较小、下一周期反弹力度更高，但一线与三线城市在房价上应不致出现周期性背离。

（2016年4月）

硬脱欧了，
去英国置业？

英国脱欧本来就只有硬脱欧一途，欧盟不会容许众叛亲离。

眼下英国经济、房市虽将进入黑暗期，但却不知他日欧盟解体后，笑到最后的是不是英国人？

如果英国选民都清楚，投票"离开"意味着硬脱欧，估计2016年6月23日英国脱欧公投的结果可能不一样。英国底层选民用他们手中的票，向现有体制发泄着愤怒。

硬脱欧还是软脱欧

英国脱欧公投后，在互联网上搜索"Brexit"①的巨量数据显示，不少人其实并不明白脱欧意味着什么。引领脱欧的政治精英中，不少人根本没有想过硬脱欧，公投不过是他们与欧洲讨价还价的手段。他们本想既能维护政策的独立性，又能继续享受欧洲单一市场的好处。直至公投发生后，他们才发现鱼与熊掌原来不可兼得。

所谓硬脱欧还是软脱欧，指的是英国放弃欧盟成员国身份后，是否继续留在欧洲单一市场及海关联盟。一些政坛脱欧精

---

① 这是对英国退出欧盟的一种戏谑说法。即 British exit or Britain exiting from the EU。

英如前伦敦市市长约翰逊希望，英国可以在移民政策上保持独立性，同时继续享有欧洲单一市场或海关联盟。事实上，的确有这样的个案。挪威、冰岛等国，没有加入欧盟，却是单一市场的一员；土耳其、安道尔等国也没有加入欧盟，却是海关联盟的一员；瑞士仅仅有条件地接受了单一市场的部分要求。英国的脱欧精英们希望仿效那些国家，当一个局部参与者。

然而，此时不同彼时。那些局部参与的国家，都是在欧盟欣欣向荣之时加入的，在当时作出例外安排相对比较容易。欧洲债务危机发生后，欧盟大厦将倾，超主权政治架构与主权国家在权利职责上的错位愈来愈明显，如果一个国家的退出未得到惩罚，甚至继续留在共同市场内享受原有的福利，势必带来更多国家的仿效，也势必压垮本来就很脆弱的欧盟架构。

英国脱欧从来就只有一个选择，就是硬脱欧。如果英国坚持反对人口自由流动，就必须退出欧洲单一市场。自从2016年难民危机之后，位于比利时的布鲁塞尔（欧盟总部所在地）根本没有可能为了英国网开一面。一旦对英国仁慈，其他面临脱欧压力的国家势必追随英国，欧盟可能因此而坍塌。欧盟必须严厉处罚逃兵，才能制止脱欧的多米诺骨牌效应，其强硬程度超出了英国脱欧领袖的想象。

买英国物业的时机

公投后英镑汇率暴跌，这是否意味着到了去英国买房产的时候了？笔者认为，可静候至2018年。

脱欧对英国来讲既是市场冲击，更是经济冲击。从市场角度看，脱欧的市场性风险因素已经大致反映在英镑汇价上了。经济冲击刚刚开始。脱欧谈判十分复杂，甚至曲折，时间上也可能拖得很久。这个漫长的不确定性，会令外资却步，而英国是经济合作与发展组织（OECD）前十强中最依赖海外投资的国家。投资大幅放缓的经济表现才刚刚开始。

伦敦金融中心的 Canary Wharf（金丝雀码头）的写字楼，租金在2015年第四季度下滑了近两成，下滑还在加速。高端奢侈品集中地 Oxford Circles（牛津圆环）的零售商铺空置率超过20%，空置愈见猛烈。

英国经济陷入投资困境将在2017年显现，经济在2018年将最差。在英国买房的机会期也会在2018年出现，不过不排除唐宁街十号故意拖延脱欧谈判。

英国经济仍具潜质

硬脱欧一旦成真，对英国经济可能构成巨大的打击。英国是一个充满文化底蕴的国度，商业文化和法律体系也比较有效率，从金融业到旅游业，从文化娱乐到会展论坛，英国经济还是很有潜质的。

英镑大幅下挫带给出口的好处，远远大过委屈留在欧洲单一市场内部所得的收益。贬值是英国步出衰退的最佳武器，也是英国经济转型的催化剂。

转型成功后，等英国真正成了"global Britain"，再看开始分崩离析的欧盟和欧元，英国人可能是笑到最后的。

（2017年1月）

海外房地产投资谈

5年前，房产经纪人站在纽约中央公园旁的一幢新建豪华公寓的落地窗前，曾经非常自信地说，这些公寓很好卖，全世界的富人都愿意购买。两年前这份信心还剩下一点点，今天却丝毫不剩了。纽约的豪宅价格跌了，成交量减了。伦敦如此，新加坡如此，迪拜也如此。

豪宅的最大购买源一定是本国资金，这和该国的信贷周期、财富生成周期关联密切。除此之外，海外资金的流向对高端房市的价格影响重大。美国进入了加息周期，金融业的花红已经远不如当年。

不少国家进入牛市尾声

豪宅行情的摇摆因素，更多和海外资金流入连在一起。西方各国对俄罗斯入侵乌克兰的制裁，使得俄罗斯流入美国的资金突然断流。油价暴挫，打飞了中东投资。中国政府对资金跨境流动的严厉管制，也令大量资金无法出国，签了合同的买家甚至因为资金汇出困难而不得不违约。

在供应端，各国豪宅均面临供大于求的局面，而货币政策又开始或准备进入正常化状态，流动性依然宽松，不过温和地退出QE已经成为一个全球性的新趋势。

从周期角度看，不少国家的房地产市场似乎已经进入牛市的尾声。虽然流动性仍然相对充裕，房市调整也会进进退退，不过由央行政策背书的流动性驱动的一轮强劲房价跳升已成过去，除了个别市场，此时并非买房的最佳时机。

长远看，世界各国在结构改革上基本都是裹足不前。缺少改革，便缺少可持续的生产力改善，所谓增长复苏不过是货币扩张制造出来的幻影。当经济再次出现下滑时，估计各国央行还会踏上QE老路，极端政策可能变成逆周期政策的一部分。

尽管在未来的2~3年各国会有一轮货币政策正常化，超低的利率环境还会维持（只是比最低水平高出一些），宽松的流动性也将维持（只是比最宽松状况紧了一点）。有了第一次，货币当局将QE当成政策工具箱中常规手段的可能性就相当高。

这意味着利率仍将维持在较低水平，我们放在银行里的钱会不断贬值；同时股票债券估值仍然偏高，资产收益率大幅低于历史平均水平。资产荒可能是未来10~20年无可回避的窘境。

房地产的回报仍然可观

全球范围来看，房地产的租金回报明显高过银行储蓄，换言之，存银行不如买砖头。欧美地区的地产回报明显好过债券收益，应该也好过扣除风险溢价后的股票回报。

纵观世界上的有钱人，除了极少数人（如巴菲特），能够持续在股票市场上赚到大钱的不多，相反，在房地产市场上赚到大钱的却不少。房地产投资其实是运用杠杆（如果借房贷）的强制储蓄，只要踩对房市的周期性节奏，赚到钱并不难（不要想摸顶或抄底）。一个房子投资成功了，抵押出去借钱再买第二个，三个周期之后不富都难。

假设现在持续低利率，把握风险、善用借贷，寻找租金回报明显高过借贷成本的房产，虽需要耐心，但却是投资房市的王道。另外，由于各国的房地产周期、经济周期和汇率周期各不相同，投资风险亦不相同，中国大陆、香港、台湾的房价均明显高过历史平均水平，居民对目前价格的承受能力不足，租金回报欠佳，此刻入市要非常小心。

房地产市场有周期，从短周期看，全球范围内货币环境正常化令市场环境出现变化，入市要谨慎。从市场角度看，亚洲房价偏贵，美国周期已深但仍有区域性故事，机会可能在欧洲，尤其是英国。从长周期看，长期低利率环境下储蓄、债券的回报率不佳，股票估值偏高，这是一个新的常态，有稳定收益的房地产项目更具有吸引力，租金回报超过按揭成本300点以上的房产尤其如此。在短期货币形势面临变局而长期形势依然看好的大格局下，重要的是把握节奏，善用杠杆，规避风险，择肥而噬。

（2017年7月）

金融危机以来，几乎每年年初的增长预测都相对乐观。随着时间的推移，对经济复苏的希望慢慢幻灭了，预测逐季下调。年复一年，年年如此。

那些作预测的经济学家多是聪明人，其中不乏大师、明星，为何年复一年地犯同样的错误？原因是他们过分相信政策的威力。

走出危机需要进行结构性改革

目前，全球经济处在停滞状态，结构性困难丛生，增长缺乏动力，其困境堪比20世纪70年代的滞胀。所谓增长（美国个别消费现象除外），基本上源于货币扩张和财政刺激所产生的幻象，以及财政紧缩消失后GDP的纸面反弹，内需未见真正的改善，就业在多数国家也未见改善。内需不济，贸易保护主义盛行，汇率战纷起，不过这都无法改变第二次世界大战后罕见的贸易增长低于经济增长的现实。

今后十年全球平均增长速度可能回落到2%（危机前十年全球增长超过4%），贸易增长持续低于经济增长。全球增长动力不足的困境将向未来不断延伸下去，因为困扰经济的结构性问题没有得到根本解决，也看不到各国政府痛下决心大刀阔斧改革的政治意愿。第二次世界大战后，世界曾迎来数十年的繁荣，产业升级、基建扩张和全球化贸易带来了一个欣欣向荣的时代，同时也带来了政府臃肿、工会强大、税负过重等问题，及至20世纪70年代石油价格暴升令结构性问题显性化，世界进入滞胀期。

全球走出滞胀期靠的是撒切尔革命和里根经济学，靠的是结构性改革。撒切尔击碎了工会强大的局面，将国营企业私有化。里根推行小政府理念，以及减税、砍福利。更重要的是，市场主导的资源分配机制成为经济的主要推动力，激发了私营企业的活力，将管理者的利益与经营效果挂钩，劳动力市场、国际贸易、资金流动的监管大幅降低，市场效率得到改善。改革催生出新的增长动力，增长制造出新的就业和利润，利润带来投资与创新。世界走出了上一轮危机。

资金流向多乱波

目前，在世界范围内，民粹主义倾向令变革失去倚靠。政府一味依靠货币扩张来维持现状。全世界多数国家的常规货币政策已经没有多大进一步宽松的空间了，欧洲、日本甚至在非常规QE政策上也接近弹尽粮绝，但是政府却没有幡然悔悟行改革之路，仍然依靠加码货币宽松政策得过且过。缺少改革，内生增长动力不足就会持续，增长只能在沉浮中放缓，高失业率在很多国家成为痼疾，这便是世界经济的现状。超低经济增长、超低就业增长、超低贸易增长、超低通货膨胀、超低利率环境，应该是可预见的未来的新常态。

以2008年雷曼危机和2012年希腊危机为标志的急性金融危机似乎已成过去。现有的非常规政策也有用力已尽之嫌，政策效果下降，各方寻求变招，新政策对经济的药效未经测试或许有副作用，决策者只能以"摸着石头过河"的心态且行且观察。政策的同步性减弱，透明度降低，资金流向多乱波，市场波动幅度增大。

后危机时代的股债表现

世界在今后十年将面临"后危机时代"，实体经济乏力，央行政策善变，是后危机时代的两大特征。

增长尚未恢复，市场波动却已加大。这种情况在1893年和1929年两次全球大危机后也曾出现过。历史未必重复，却有许多相似之处。

1893年危机后，即1893—1900年，美国股市年均上涨12%，债市上涨6%，但是在随后十年的"后危机时期"，股市年均下跌6%，债市下跌1%。1929年危机后，即1932—1939年，美股和美债年均上升19%和6%，但是在随后十年的"后危机时期"，股市上升3%，债市下跌2%。2009—2015年，美股年均上涨17%，美债上升5%。关于"后危机时期"的市场表现，历史给了一个批注。

（2016年4月）

股市牛
商品熊

2017年5月，股市和商品市场上演了一场牛熊大战，不过结果并不像某"搏击高手"和"太极宗师"比武那么干净利落，大家各说各话。

资金从债市流向股市

一家大型能源类对冲基金突然清仓多单，加上美国钻井扩张，带动石油期货价格暴跌，布伦特油价跌破50美元，2016年OPEC协议减产后的油价所得已经全部失去了，不过其后石油市场初显企稳迹象。

尽管货币环境趋紧，但市场看好经济走势，资金继续从债市流向股市，在增风险、增杠杆的主题之下，标准普尔500指数达到历史新高，科技巨企亮丽的业绩更让NASDAQ（纳斯达克）一马当先。资金持有者对法国选举结果感到放心，资金加速流入欧元区，欧元兑换美元走出2016年11月以来的高位，欧股表现良好，法德国债之间的利差持续缩小。

然而，大宗商品受中国货币环境从紧、政府严防金融风险相关忧虑影响，铜价与铁矿石价格暴跌。避险情绪淡化，黄金的对冲需求减少，金价大幅走低。

资金流向欧洲

2017年4月，美国非农就业增加数远好过上期和分析员预测数据，失业率降至十年新低，为4.4%。毫无疑问，美国的劳工市场处于完全就业状态，工资压力也可能传导到消费物价层面，货币当局需要做一些收紧动作。但是，4.4%的失业率是在劳工参与度下降的情况下取得的，而且时薪上涨暂时未见加速迹象。

2017年以来我一直看好欧元资产，法国大选结果为资金流入欧洲增添了动力。欧洲的经济增长在加速，2017年第一季度增速甚至好过美国。当然，欧洲经济仍存在结构性问题，银行资本金仍需增强，德国与意大利大选仍是悬在头上的剑，不过欧元汇率已经超跌，美国股市估值偏高，令资金流向欧洲。欧洲应该是增杠杆的首选资金出处。

中美刺激政策不如预期

大宗商品价格暴跌，有前一段游资爆炒的因素，这一点在中国期货市场尤其明显。随着资金环境和监管环境的收紧，流动性驱动的行情出现了调整。

除了美国2017年第一季度的增长数据，全球范围内增长都出现了加速现象。但是，第二季度后贸易和投资活动就有放缓的迹象，并在最新的PMI（采购经理指数）数据中反映了出来。

瑞信全球经济研究认为，工业增长已经开始减速，美国和中国的刺激政策估计也不如预期。如果这个观点被证实，则对通胀前景、央行政策、商品价格均有影响。

（2017年5月）

股债走势现分歧，
石油减产藏玄机

特朗普当选美国总统后，"特朗普通胀交易"成为市场的宠儿，机构认为基建项目可以提升增长的空间，同时美国通胀压力应该再现。在此逻辑下，美股一升再升，美债被抛售。

此逻辑在短期是成立的，中期就有漏洞。如果特朗普行政当局大兴基建，美国的财政状况必然恶化，长期利率必然上升，由此可能带来经济下行，股价受压。美债和美股对美国经济的中期前景分歧颇大，其中只有一个可能正确。

类似的分歧，最近在欧洲债股、日本债股、中国债股已经出现，不同资产种类对债市的收益曲线陡峭化解读不同，特朗普通胀究竟把我们带到什么样的经济环境中去，市场有必要深究。

石油减产协议效果成疑

2016年底，OPEC就减少产量达成协议，这是八年来石油寡头集团首次同意冻产或减产，市场有理由感到振奋。减产让步主要来自以沙特阿拉伯为首的海湾五国，和它们财政上严重入不敷出、迫切需要价格新秩序有关；俄罗斯也有同样的需求，所以在最后一刻应承减产，促成了此协议。

不过魔鬼在细节中，在执行中。OPEC成员国在遵守产量额度上的记录并不好，如何确保成员国不"偷步"，是日后的关键。俄罗斯信守减产承诺，从过往历史看也不可靠。另外，伊朗、利比亚和尼日利亚被豁免每天减产120万桶，但是它们现有的产量却是计算减产的一部分。这种做法保住了OPEC的面子，不过可能导致日后产量超标。

笔者对OPEC减产协议的成效将信将疑，对原油需求回升的展望比较乐观。预计2017年石油的均衡价格（布伦特期货为标的）在每桶55美元左右。

（2016年12月）

债市
风暴

全球债市正经历着一场风暴，所有风险资产价格均受到了影响。这是一场无可避免的债市波动，但是笔者认为债市不至于崩盘，触发新的金融危机的机会暂时也不大。

债市调整的原因

债市出现大幅调整有两大原因。首先，美联储加息在即，但是债券市场对此准备不足。美联储从2014年初开始准备加息，并试图对市场预期作出预调，但是债市并没有对货币当局的前瞻指引作出应有的反应。2014年年初美国10年期国债利率接近3.3%，美联储随后停止了QE，并直言首次升息日近，但是国债利率居然回落到1.8%，催生出一场罕见的牛市。出现这种情况的原因是多方面的，美国经济的复苏（尤其是就业市场的复苏）十分反复，货币当局又强调加息取决于数据，令市场对加息时机和力度的判断出现很大分歧。

美联储公开市场委员会委员对加息的预期与市场对加息的平均预期出现罕见的大幅偏离，为目前的债市调整埋下了伏笔。不仅国债市场有市场偏差，高收益市场也存在着类似、更强烈的偏差。游资滚滚，资金对收益饥渴，令大量资金流入高风险高回报的垃圾债券，使高收益债券的回报与风险不对称。一旦市场调整对美联储政策的预期，高收益市场的价格波动将更加惨烈。

其次，欧洲债市的泡沫更加明显。欧洲央行在2014年推出LTRO（长期再融资计划），为银行提供巨额的廉价资金，希冀帮助实体经济。然而银行对贷款并不热心，资金流入国债市场，拉低债市利率。及至2015年，欧洲央行的美式QE，更将国债利率推向荒谬的水平。尽管部分欧洲国家重债缠身，但欧洲整体上财政收支平衡，并无太多的国债发行量。欧洲央行突然大量购债，严重扭曲了债市的供需关系，债市走出超牛行情，西班牙、意大利10年期国债水平低过美国同类国债，德国为首的北欧国债利率纷纷进入负值，瑞士居然发出 –0.55% 的10年期国债。换言之，买债人不仅没有利息收入，反而要贴钱；借债人不仅无须偿付利息，反而可以有进账。这种荒谬政策制造出来的荒谬市场价格，肯定脱离了基本面的支持，无法持续。同时，市场就欧洲QE对经济的帮助及其持久性均估计过高，对欧洲潜在的风险估计不足，投机资金高杠杆炒作又放大了风险，调整一旦开始，波动自然很大，甚至出现互相践踏的局面。

债市调整波及其他资产

另外，早先预期的通货紧缩局面并没有出现。美国从来没有进入通缩，欧洲仅仅短暂经历通缩后物价就企稳回升。欧洲在第一季度的经济增长居然超过了美国，就业市场复苏依然艰难，不过最坏情形可能已经过去。石油价格止跌回升，食品价格上扬，物价水平的总体格局似乎与年初想象的不同。通缩风险消失，市场重新审视名义利率的下降空间，重新考量央行为对抗通缩而执行货币宽松的决心。

美国上一次加息是2006年的事情，新一代投资者对加息周期的市场运作模式并不熟悉，遑论风险控制。货币当局刻意营造歌舞升平的市况，加大了市场调整的幅度。2015年全球债市所出现的调整只是一个开始，而且由于杠杆、衍生品因素，调整幅度可能较大。

国债是风险资产的价格锚，债市调整势必波及其他资产种类。由于央行政策托底成为危机后金融市场的新常态，近年资金对风险的防范意识普遍较弱，资产价格在此轮调整中的表现有一定的不可测性。好在金融衍生品不像危机前那么复杂和蔓延，预计发生连锁反应的程度不会太强。

债市何去何从关键在央行

目前美欧日的国债利率全部处在历史低位。从回归均值的方法论角度看，债市估值偏高是不争的事实，调整在所难免。但是债市价格走到今日，最大原因是各国央行的货币宽松政策。货币政策基调不变，债市泡沫未必很快破灭。以目前的全球经济，除了美国有真正意义上的复苏，其他各国均用超宽松的货币政策来制造经济复苏的假象。

结构改革进展缓慢，货币政策对实体经济的帮助有限，效果难以持久。且QE用力已尽，央行已将本国国债中相当一部分纳入囊中，目前的购债计划可以持续多久亦成疑问，需要不断变招来应付市场预期。即使在美国，经济复苏基础脆弱，资金成本上升对经济及房地产市场的冲击实属未知数。美联储虽然很快会启动加息周期，但是利率上涨的时机与力度都要根据经济形势作出调整。

笔者不认为国债市场的调整会带来另一场金融危机（假定没有人为政策失误）。说债市估值出现泡沫，估计不会有多少人提出异议，但是债市何去何从，央行的影响力十分重要。国债市场对央行言行向来十分敏感，相信各国央行并不想置债市于死地，触发新一轮危机。一旦债市出现强烈、持续的抛售，决策层出口干预，甚至出手干预的机会颇大。

债市熊市终来

鉴于国债利率是国民经济的基石，很难相信央行对债市抛售会置之不理。目前央行试图调整的是市场的风险意识和心态，而非刻意打压债市。尤其美联储，在为不久的加息做预期管理，绝不会主动与资金为敌。万一市况出现逆转，危及经济、就业和房地产，美联储会毅然调整自己的立场。基于此，笔者对债市爆发抛售危及金融系统的风险并不担心，目前市场所见，并非又一场雷曼危机。

全球债市出现了持续30年的大牛市。20世纪80年代中期，保尔·伏尔克的铁腕货币政策和里根/撒切尔的结构性改革，带来了经济阵痛，也带来了通货膨胀的持续回落。90年代起，全球产业转移和中国的崛起，持久地打压了消费物价，铸造出格林斯潘景气。当增杠杆所产生的资产泡沫变得无以复加时，金融危机横扫世界。各国央行毅然扩大资产负债表，以从未有过的流动性，维持金融市场的秩序。债市是QE政策的最大受益者，债券牛市又平添了七年阳寿。不过，久违的熊市终将到来，悬念是怎么个熊法。

（2015年5月）

叁

中国的货币周期与变奏

增长新周期：
扶不起的阿斗

2017年中国经济被寄予高期望，政策性投资不输2010年。只是这回的"新上升周期"是用钱堆出来的，难以激起民营企业的积极响应。

2017年初，经济学家曾对中国的经济复苏有过较高的期望。政策性银行将大量资金注入地方投资项目，商业银行也大开水喉（大到央行要派人进行窗口指导）。PPP基建投资大量上马，房地产新开工项目遍地开花，PMI指数上行，订单数量改善，原材料价格快速上扬。一些经济学家宣称，一个新的上升周期已经来临。从银行贷款数额和地方基础设施投资项目看，这次投资与2010年的"四万亿投资"相比更为夸张。

钱堆出来的政策噪声

然而，2017年不是2010年。这次政府的财政、货币扩张，并未激发民营企业的积极性。中国经济的杠杆用力已老，房价也在预支未来的升幅，银行迫切需要去杠杆保安全，货币政策扩张周期也无以为继。进入第二季度后，产品订单开始减少，楼市新开工增速放缓，资金成本进一步上升。更重要的是，严厉监管和金融反腐之下，商业银行开始收缩资产负债表，表外业务明显萎缩，而表外信用扩张恰恰是近年经济的主要资金来源。

中国经济此轮增长已结束，虽然GDP增长未必会大幅下滑，但自身的上升动力已消退。所谓经济新周期，不过是钱堆出来的政策噪声，是扶不起的阿斗。

其实GDP增长快一点慢一点都不是大事，只要社会稳定、金融安全，不必执着于数字。增长率再不济，在世界上也是名列前茅，何况中国经济的体量庞大，且已进入后工业化时代。经济有周期，有上升周期就会有下降周期，我们正处在下降周期中。

民企资本在用脚投票

值得一问的是，为什么这次政府政策登高一呼，却不见民营企业揭竿而起？因为此时此刻民营企业家的投资信心不在，投资环境不够理想，民营准入的领域盈利前景不够有吸引力。不必争论曹德旺所讲的中国实际税率是否准确，资本在用脚投票。

货币扩张政策也许可以买时间，却无法替代结构改革。缺乏改革支持和生产力提高，钱堆出来的增长率不过是货币幻影，难以持久。唯有改革才能带来可持续的增长，带来真正的新周期。打算用钱砸出一片增长的繁荣，无异于试图揪着自己的头发爬出大坑。

（2017年6月）

从黑天鹅
到灰犀牛

全国金融工作会议后，金融界最流行的词语是"灰犀牛"。米歇尔·渥克在《灰犀牛：如何应对大概率危机》一书中的解释是，"一种既存的巨大危险，而真正的危险在于人们选择对危险熟视无睹。"

中央财经领导小组如是说，黑天鹅主要是指没有预料到的突发事件或问题。灰犀牛一般指问题很大，也早有预兆，但是视而不见，没有给予足够的重视，结果导致了后果严重的问题或事件。存在灰犀牛风险隐患的领域包括影子银行、房地产泡沫、国有企业高杠杆、地方债务、违法违规集资等。

给财经领导小组鼓掌。认识风险，勇于承认风险，是消弭风险的第一步。自从笔者于2013年初发表关于影子银行、地方债的研究文章后，收到了不少来自政府不同部门的批评，有善意的，也有不太善意的。不太善意的批评，用一句话概括，就是"唱衰中国"。

作为中国人，我深爱中国，看好中国经济的长期前景，也因此不能对经济出现的短期问题熟视无睹，这是经济学家的职业道德，也是对中国长期可持续发展的一种期盼。一个健康的经济是不会被唱衰的，一个不健康的经济如果得不到必要的纠正，则可能被做衰。

持续货币政策收缩无可避免

大约十年前，中国经济经历了一场结构性转型，制造业、出口业主导的增长模式遭遇瓶颈，增长潜力开始回落，中国进入了后工业时代。这场经济结构变化恰好与全球金融危机在时机上重叠，政府推出了以"四万亿元投资"为代表的一系列经济刺激措施。这轮刺激措施对于稳定中国乃至全球的信心，起到了定海神针的作用，是必要的、及时的。

但是，决策者在之后的形势判断上出现了误判，将结构转型所带来的增长放缓认作危机的一部分，货币扩张、财政刺激常态化了，"保增长"在相当长时间内成为经济政策的中心。人为地制造GDP增长是有代价的，影子银行、房地产泡沫、国企高杠杆、地方债务应运而生，迅速扩大。中国经济中最强的一环——居民储蓄，通过各种渠道被引导出来为人造增长买单，为高杠杆买单，被牢牢地捆绑在地方平台以及房地产的战车上。同时，政府投资制造出挤出效应，民营投资逐渐萎缩，制造业逐渐萎缩，金融投机盛起，实业举步维艰。

为了保增长，居民储蓄一次又一次地被引导到中国经济最弱的环节上。理财产品、保险资金、房地产、地方债置换，形式不同，性质无异。中国经济的杠杆率原本不高，但是负债水平近十年来飙升，目前已经超过250%。美、欧、日负债多为政府债务，起码受到印钞权的支持，中国的债务则多为高风险企业的公司债。

认清风险，下决心化解风险，比讳疾忌医要好，这是政府的明智之举。但是，这个过程必然带来货币环境收缩，尽管央行会作适当的微调，趋势还是明显的。这次金融工作会议的声明中，提到风险31次、监管28次，是共和国历史上前所未有的。在笔者看来，政府态度十分清晰，2003年以来第一次持续的货币政策收缩无可避免。

未来若干年守住风险门户

中国已经有太长时间没有货币收缩期了，以致不少投资者将不断的、力度愈来愈大的信贷扩张看作常态。中国人民银行在过去也曾若干次试图收缩银根，但每次都半途而废。笔者认为这次不同，金融工作会议所传递的信息来自最高层，代表中国经济的长远利益。

经济出现周期性下滑并不可怕，有上升周期，必有下降周期，然后才有另一个上升周期，这是经济规律。下行周期给经济一个出清的机会，为新的周期制造基础。古今中外，莫不如是，如同春夏秋冬更迭一般正常。但是下降周期势必带来更严峻的信贷环境、营商环境，个人消费和企业盈利会受到影响，资本市场和房地产市场也会受到影响。企业和个人都应该做好准备，不仅自己要在现金流上审慎准备，还要关心自己上下游企业和个人的资金状况。未来若干年，重要的不是如何赚钱，而是守住风险的门户。

其实，灰犀牛现象并非中国专有，全世界的央行都因信贷过热、房地产过热、通胀超标而改变货币政策基调，这是应对系统性风险的必然政策套路。从历史上看，政策收缩期资产价格下调的机会较大。

（2017年7月）

"习近平经济学"
正式登台

　　如果不知习近平经济学为何物，请读《人民日报》2016年1月4日头版头条的"供给侧结构性改革引领新常态"一文。建议所有打算在股市讨生活的投资者仔细读两遍此文。

　　此文是习近平治理中国经济的政策纲要，对中国今后若干年的经济政策、经济走势和经济转型将带来深远的影响。笔者认为，中国经济管理的思路至少在三个层次上将出现重大的改变。

布局结构性改革

　　首先，要做好长期作战的准备。文中首次提到短期刺激措施无法带来经济V型反弹，中国经济可能会经历L型增长阶段。相信文中提到的L型不是指如同日本那样"失去的20年"，而是中国需要一个结构性的调整才能走出U型困境。对中期经济走势的表述作出重大调整，意味着北京的政策布局转向结构性改革。在中国说出L型，需要政治勇气，更需要改革的决心。通过制度上的突破，为中国经济的中期发展打下新的基础，是习近平经济学的第一个看点。

其次，供应侧改革成为突破口。文中强调目前政策是供应侧与需求侧并举，但要分主次。需求侧政策意在维持一个相对稳定的经济、社会环境，供应侧则是突破口，是主攻方向。去产能、去供应、去杠杆，其实都是通缩，降成本（尤其是减税）则试图对冲"三去"的短期负面影响，补短板就是力图建立起适应新时代、新需求的供应。文中的重点是结构性调整，通过供给侧调整建立一个更高层次的供需关系。

最后，政府打算忍痛发力。文章认为在经济调整的过程中，短期阵痛不可避免，但也是值得的，只要应对得当，阵痛未必很大。这种提法与过去十几年一切政策受到社会安定的掣肘有明显的不同。"后退，是为了更好地前进"，预示着政策动作幅度加大，以短痛换长好。不搞强刺激，扎实做好结构性转型。

中国急需新动力

笔者十分赞赏此文，认为这是打破目前经济僵局的良方。过去十余年，经济政策一直以凯恩斯理论为基础，作宏观总量的逆周期运作。凯恩斯经济学对稳定经济有短期效果，但是并不注重经济结构的调整和生产力的提高。

中国作为一个发展中国家，其增长动力中相当一部分来自制度上的突破和生产力的提高。中国经济走到今天的繁荣，主要归功于三次制度上的突破（20世纪70年代末的改革开放、90年代初的经济特区和2002年的加入世界贸易组织）。时至今日，过去供给侧改革带来的红利已经大体消失，中国迫切需要一个新的推动力。

政府年复一年的财政扩张无法产生这种推动力，人民银行巨额货币扩张也无法产生这种推动力，唯有痛下决心推动体制改革，推动经济转型，才能重新激起民间投资的积极性，为中国经济带来新的辉煌。

供给侧改革是良方

许多人将目前中国经济的问题归为需求不足，其实中国游客在海外每年消费超过1万亿元人民币。中国游客从日本搬回马桶盖、到韩国做整容，是因为中国还停留在生产钢铁水泥的工业化时代，中国自身的供应无法满足迅速改变的产品需求和质量要求。

政府过去的思路是"做什么菜就喂别人吃什么"，而不是"别人想吃什么就做什么"。改变产业结构，消除僵尸企业，消化库存，建立适合新的消费需要的供应，政府功能转为辅助，通过体制上的突破，提高生产力；通过市场主导的资源分配，提高资源分配的效率，这就是笔者所理解的习近平经济学。

供给侧改革，容易理解，但是并不容易实行。党的三中全会后推出林林总总的改革大计，有纲要，有细节，还有实施时间表，但真正有实质性进展的不多。既得利益者无言的阻挠是第一个原因，许多政策本身对经济带有负面冲击是第二个原因。

供给侧改革是对症下药的良方，只不过可能需要若干年的时间（甚至一些经济阵痛）才能见到效果。每隔十来年，中国经济都会面临一次瓶颈，接下来都有一次结构性的突破，带来巨大变化，让生产力上到新的台阶。成败取决于政治决心，取决于执行力，轮到习近平经济学上场了。

（2016年1月）

不是只靠
货币政策刺激

假如不改革、不转型，光靠刺激，中国经济无法走出目前的困境；中国需要的是优化资源分配，培育新动力，形成新结构。

2016年5月9日，《人民日报》刊登出"开局首季问大势"的访谈后，权威人士变成了媒体文章、微信群中出现最频繁的字眼，大家都在猜谁是那位权威人士。信手点评了国务院今年推出的几乎所有经济政策，相信这位权威人士够权威，至于执笔人是谁也就不那么重要了。

股市、楼市不再有政策市

访谈一开始，权威人士就将中国经济的中期走势设定在 L 型，而且不是一两年就可以过去的长周期底部。换言之，如果不行改革、不作转型，光靠刺激无法令经济走出目前的困境。同时，"即使不刺激，速度也跌不到哪里去"。中国需要的是优化资源分配，培育新动力，形成新结构。

"高杠杆必然带来高风险，控制不好就会引发系统性金融危机，导致经济负增长，甚至让老百姓的储蓄泡汤"。此言对目前通过货币扩张拉动经济的政策思维作出了一次前所未有的直接批判,甚至上升到百姓储蓄泡汤的高度。近几年中国宏观政策的一个基本思路就是用活存量,将百姓储蓄引导到楼市、理财产品、股市、地方债置换上,权威人士所针对的不仅是政策措施及度量,更是政策思路,强调避免短期行为,避免不适度。

权威人士要股市、汇市、楼市回归各自的功能定位,不当保增长的手段,让市场来决定资源分配,不作人为干预,这意味着在可预见的将来,股市、楼市不会再有政策市。

供给侧改革的五大任务

权威人士认为,供给侧和需求侧的招数都要用,但在不同阶段,侧重点和力度不一样。当前供给侧是主要矛盾,供给侧结构性改革必须加强,必须作为主攻方向。投资扩张只能适度,不能过度,决不可越俎代庖、主次不分。"坚定不移地以推进供给侧结构性改革为主线,着眼于矫正供需结构错配和要素配置扭曲,全面落实'去产能、去库存、去杠杆、降成本、补短板'五大重点任务。"

笔者认为,访谈基本上否定了前几个月"流动性驱动、投资主打"的政策刺激思路,将政策重心重新推回到"供给侧改革驱动、经济转型主打"的结构性改革轨道上,也不再试图通过影响市场来寻求短期政策效果。中国经济未必因此大幅下滑,不过增长进一步加速的空间估计有限了。

着眼于经济的基本面

"开局首季问大事"这篇访谈理性务实,弃短期利益而着眼于夯实经济的长期基本面,笔者深感认同。将经济重新推上可持续发展的轨道,唯有依靠改革和转型。

只是当经济下行压力加大时,政府能否保持政策定力,唯有时间可以给出答案;当改革遭遇既得利益者的阻碍时,政府能否披荆斩棘一往无前,唯有时间可以给出答案;当经济转型需要将高端服务业向民营资本开放时,政府能否妥善处理国企利益,唯有时间可以给出答案。不过起码,政策正转向正确的方向。

(2016年5月)

人民银行
也挺为难

2015—2016年中国人民银行第四次转换政策基调，银行贷款量大起大落。原因在于，政府在供给侧改革和需求侧刺激之间重心摇摆，货币政策自然摇摆。

2016年5月前三个星期媒体报道中国四大国有银行仅借出去1 200亿元。当市场正为经济放缓担心时，四大行贷款却暴增，一个星期借出接近前三个星期的总量，全月新增贷款扶摇直上。

改革供给侧还是刺激需求侧？

这是中国人民银行在一年内第四次转换政策基调。2015年第四季度，全国上下都在谈供给侧改革，银行收缩信贷。2016年第一季度在稳增长的政策下，新增贷款在1月和3月先后创出历史第一和第三的纪录。然而，权威人士言论再次改变了央行的立场，2016年4月新增贷款只有3月的三分之一。5月的大部分时间，银行仍小心翼翼地借贷，但是最后几天却开始了冲刺。

市场对央行政策的评价是："稳健的货币政策很积极"；政府对央行政策的要求是："稳健的货币政策要真的稳健"；央行自己的说法是："我们一直挺稳健的"。其实，政府在供给侧改革和需求侧刺激之间重心不断摇摆，货币政策自然摇摆，银行贷款量自然大起大落。

货币扩张的效果大不如前

中国人民银行的货币政策到底是稳健的还是积极的？笔者认为，本届政府的货币政策，除了最初的一年外，始终是积极的，印钱的速度堪比2009—2011年的四万亿元时期。人民银行透过定向发行向政策性银行注入流动性，再由政策性银行资助基建项目，这是基本套路，中间还有为地方债置换铺路的任务。

但是，这次货币政策扩张的效果明显不如上一次。政策性银行的借贷节奏也放慢了，如今，找到好的基建投资项目愈来愈难。2016年5月底银行借贷冲刺，多数都是短期流动性安排，进入实体经济的不多。

换言之，货币扩张的乘数效应愈来愈低，实体经济并未受惠于宽松货币政策。这个情况在欧洲、日本同样存在，只是他们的央行坦承货币扩张。问题在于改革裹足不前，货币政策从来都是辅助，是为结构改革铺路的。

稳健的货币政策真要做到稳健，必须有其他政策措施的配合，必须有改革的推进，必须再燃起民营投资的积极性。

货币政策稳健略宽松

自2016年农历新年后，中国的各方面政策取态已趋宽松。

第一，人民银行早前对货币政策的定调，从"稳健"转为"稳健略宽松"。第二，财政部提到，财政赤字周期性增加，为逆周期的调控，预计将进一步减税及增加财政开支。第三，2016年1月银行信贷保持历史高位，2月仍保持强劲势头，人民银行1月尚未下调存款准备金率，却于春节后降准。第四，在房地产政策方面，多个大城市的楼价出现上涨，有关方面试图引导国内流动性进入房地产市场，从而达到去库存的作用。瑞银相信未来数月内地房屋与土地销售均会出现改善。总体而言，有关方面宏观政策的焦点，由数月前多番提及的供给侧改善，逐步转向需求侧的刺激措施。第五，沉寂多时的新基建项目启动，预期"十三五"规划期间将有投入，但规模及成交与2009年时不会类同及重复。

对人民币汇价构成压力

一般而言，刺激措施的推出对实体经济的影响，往往会有2~5个月的滞后。事实上，在多项措施中，减息对经济刺激的持久性最长。瑞信预计下调2%的企业税将会在增值税上执行，由于相关详情尚未披露，故现阶段难以量化措施的影响，要视最终有多少企业受惠。当然，相信对企业的影响会是正面的。

毫无疑问，更多的货币宽松措施势必对人民币汇价构成压力，但短期内贬值的机会明显不大，政府肯定会继续以行政手段避免汇价急坠。另一方面，人民银行在过去数月聚焦于资本管制，未来情况不会有大的变化。长远而言，中国宏观基本因素改善，但预期人民币对美元仍会出现温和的贬值。

五大风险

面对的风险主要有：

1．房地产市场。2016年农历新年之后，大城市的房地产交易量和楼价都见上升，原因是资金没有其他出路，政府亦"出口术"和透过政策扶持房地产行业。这次由资金带动的上升或会持续，并由几个大城市扩散至其他地区。中国政府似有意鼓励家庭增加杠杆比率，以及引导购买力流向二三线城市，以降低房地产库存。这可能对瑞信的中间情景假设构成上行风险。

2．地方政府财政状况。不少地方政府面对土地收入和财政收入急跌的严峻困境，这可能削弱其投资能力。

3．劳工市场。政府计划于5年内在出现产能过剩的行业裁减600万名国企员工，就业压力在制造业明显上升，将影响消费能力和社会稳定。服务业的就业市场仍然稳定。在城市工作的白领阶层仍有温和的薪金上调，唯部分行业从业人员的年终奖会被削减。部分政府部门和国企工人的工资会遭下调。

4．政府执行力。传统而言，中国政府相当有效率，执行力是其强项。政府在执行政策方面的效率，以及管理市场预期的能力，仍然值得注意。

5．违约风险和不良贷款。市场传言工业企业的现金流有转差迹象，主要是受需求疲弱和议价能力下跌拖累。这在最近公布的银行业绩上反映出来，我们预期银行的资产质素仍会继续转差，这也是另一个下行风险。

中期前景预测维持不变

虽然短期的增长前景略有改善，但我们却不打算修正原来的中期增长预测。我们认为，未来3年，中国在财政方面仍需采取"去杠杆"措施，这可能导致违约风险和不良贷款比率上升。在去产能过剩和去房地产库存方面，中国仍有一大段路要走。经济能否升级转型，引导中国转向消费拉动的增长模式亦相当关键。不过，我们认为中国经济于短期内出现"硬着陆"的风险有所下降。

我们维持原有观点，即中国必须通过结构性改革，才能进入靠内需拉动的增长模式。国企改革，包括打破国企的寡头垄断，是必要工作之一。财政改革，包括减少对卖地收入的依赖，以及重组中央政府和地方政府的收入分配，还有减少杠杆水平，也是必要工作之一。

（2016年3—5月）

叁　中国的货币周期与变奏

"维稳"
仍是政策目标

人民币贬值屡屡引发市场震荡，说穿了是政策不够透明，市场摸不透人民币的实质汇价与政府的汇价底线。人民币一次性大幅贬值的机会不大，但中国人民银行连番降息降准也止不住经济趋缓时，人民币贬值极可能是救市的下一招。

央行政策透明度低

2016年伊始，中国人民银行连续几天低开人民币汇率中间价，为A股市场抛售制造了借口，也触发各国股市的全面震荡。一周内全球股市损失2.3万亿美元，为15年来最惨淡的新年开局。

无论美元、欧元还是日元，一天贬值1%或一段时间内贬值5%～10%，几乎每年都可以见到数次，多数时候未见市场大惊小怪，人民币贬值幅度一天不到0.5%，却在整个风险市场掀起如此轩然大波。

究其原因，是中国人民银行的市场预期管理差、政策透明度低，令市场猜测是否政府知道一些市场不知道的事情，更令市场担心小贬是大贬的前兆。由于资金方对政策前景缺少了解，无法量化风险，也没有足够的对冲工具，离场避险便成为条件反射。

外汇储备下降因素被高估

由于对央行的政策倾向缺少了解渠道，市场便用为数不多的数据分析，最显而易见的数据是大幅下降的外汇储备，想当然的结论是资本外逃。这个结论，又与近期民众争相换汇现象吻合，硬着陆论、资本外逃论大行其道。

毫无疑问，中国存在资本外逃现象，而且币种避险意识已经从高净值人群扩散到街头市民，人民币的贬值压力预计会持续存在。不过笔者相信，外汇储备下降因素被高估了。

首先，2015年夏季人民币贬值和国内债市活跃以后，大量中国企业将美元债转成人民币债。这是汇率预期改变和套利交易平仓后的正常市场行为。这对外汇储备有冲击，但非一般意义上的资金外逃。笔者估计，大约3 500亿美元公司债做了转换，尚有2 000亿美元投机资金可能转换，公司债转换所带来的外汇流失，可能最坏的时点已经过去。为恐慌降温引起波动，不排除是人为失误。

其次，汇率预期改变后，普通百姓换汇大增，尽管换来的美元没有资产支持，收益率并不具吸引力，但一般人总是换了再说。由于每人每年换汇额度为5万美元，年底作废（而且外汇管理局在新年初有新规则公布实行），2015年最后两个月，不少人从亲戚朋友那里借来未用的额度，勇猛冲刺。2016年股市下挫之后，换汇需求更大，连新华社都发文"绝大多数家庭没有必要换购美元"，为恐慌降温。笔者认为，民众的换汇需求会持续上升，不过每年5万美元的额度却是硬框框，换完之后没有第二次，而且换汇过程中看不见的门坎似乎已悄悄抬高了。资金跨境流通的灰色地带基本上被堵死了。

从政策层面上，政府主导的人民币汇率一次性大幅贬值的机会不大。几乎可以肯定贬值会带来其他新兴国家的跟风，对出口的帮助有限，对股市的潜在杀伤力颇大。在维稳的政策导向下，估计没有人愿意捅这个马蜂窝，负政治责任。再加上央行主管汇率的官员正在人事变动中，人民币短期难有大幅贬值。

央行制定汇率政策的经验不足

近期人民币汇率波动主要源自央行政策由盯美元转向参考一篮子货币，加上新兴市场汇率变动，人民银行在政策把控上未尽如人意，在市场预期管理上不得要领，股市震荡更是火上浇油。

目前，中国的汇率政策的主要着眼点不在于帮助出口，而在于平衡宏观环境，在不引起市场大幅波动的情况下调节流动性。当然，中国人民银行在制定汇率政策上经验不足，国际国内环境又十分复杂，不排除人为失误的可能。

从宏观政策角度看，尽管2016年的财政政策、货币政策均会进一步放松，但其对实体经济是否有帮助值得怀疑。如果经济下滑速度过快，人民银行在降息降准之外还有降汇一招。同时，升值预期已经出现逆转，人民币会在相当长的时间内受压，2016年人民币对美元汇率大约可见6.8～7，对一篮子货币也可能轻微贬值。

（2016年1月）

保外汇储备
还是保汇率？

在笔者看来，"8·11"汇改是个败笔。中国人民银行于2015年8月11日启动汇率改革，人民币兑美元汇率在几天内贬值近5%。

越限制，外流越严重

当时央行这么做，是向正在考虑将人民币纳入SDR（特别提款权）的IMF（国际货币基金组织）显示其对自由汇率浮动以及中国汇率改革的承诺。人民银行在汇率贬值上迈出了一小步，但在对国人信心的打击上却是一大步。

人民币单边升值的心理预期迅速消失，资金通过各种途径出走海外。一度被嫌多的外汇储备迅速下降，以致监管部门不得不推出各种限制以减缓资金外流的趋势。愈限制，资金愈恐慌，外流愈严重，资金跨境流动的限制愈严苛，形成恶性循环。

与一年半前相比，中国在资本项目的开放退步了，人民币汇率形成机制的透明度在下降，资金跨境流动的行政干预大幅增加。除了加入了一个无关痛痒的SDR货币篮子，汇改并未达到预期目标，却留下了许多隐患。

汇改后遗症

汇改的第一个后遗症是终结了国人对人民币单边升值的预期，导致外汇储备迅速流失。其实，世界上没有一个国家的货币只升不跌。改变市场对人民币汇率的刚性预期是应该的，不过处理手法上有待商榷。

人民币兑美元的汇率，几乎连升了十余年，人民币多仓在市场上造成了一个堰塞湖，一旦预期改变，堰塞湖的动能十分可怕。美元、日元、欧元每年都会有几次5%以上的汇率波动，只要这种波动在预期内，就不会造成市场过度恐慌，企业和基金也有足够多的金融手段去对冲风险。

汇改的失策，在于对预期改变所带来的资金流动突变缺乏心理准备，在政策路线图上更没有充分准备，最终被市场牵着走，只能被动地使用行政手段应对。

触及金融系统性风险

汇改更大的后遗症，是改变了货币政策的大环境。中国的货币政策，受到外汇储备变动的影响很大。前几年资金大量流入，央行被迫收汇，成为国内货币超额发行的重要原因，也是投资拉动型经济增长的政策底气。如今外汇储备突然大幅下降，央行被迫收缩基础货币发行，构成被动式的政策收缩。2016年第四季度中国资金成本骤升，债市甚至爆出危机。

外汇储备下降，在笔者看来已经不仅仅是维护汇率稳定的弹药减少的问题，而是牵扯到了整个货币大环境，触及了金融系统性风险，事关整体经济稳定。保外汇储备，实际上是要维持内部经济货币环境的稳定，兹事体大。

央行在这个问题上的态度大致明确：汇率稳定很重要，但是当汇率稳定和外汇储备的稳定之间必须作取舍时，央行会选择保外汇储备的，保外汇储备是为了维持经济和增长的稳定。但是，中国的汇率政策又不是中国人民银行说了算的，中央握有最终决定权。

不可能三角理论

2017年对于中国是一个特殊的年份，中国共产党第十九次全国代表大会召开，维稳大过天，政策上绝对不允许汇率波动影响到经济稳定、社会和谐。于是，保外汇储备还是保汇率的问题可能时不时地浮现出来，估计政策要在两者之间摇摆。当经济形势稳定时，汇率维稳便成为政策目标；当经济出现下滑，货币政策在"稳健中性"之上必须加一把火候，则需要保外汇储备，扩大货币发行、扩大信贷。

蒙代尔的不可能三角理论，在中国讨论得比世界上任何一个国家都多，此理论切口目前人民币汇率机制的要害。资本自由流动、稳定的汇率和自主的货币政策，三者不可兼得。"8·11"汇改的不成功，恰恰是央行既要坚定地保持自主货币政策，又想增加资本自由流动程度，同时回到控制汇率的老路。自主的货币政策当然不可动摇，剩下的两角演变便是保外汇储备还是保汇率的抉择。

舍汇率保外汇储备非长久之计

笔者认为，在保外汇储备和保汇率之间，政府最终会选择保外汇储备，维持基础货币供应的稳定，维持经济增长所需的货币环境。这个抉择的时间点，暂时还不好判断。毕竟2017年中国共产党第十九次全国代表大会是一个重要的政治时点，经济维稳任务重，短期内政府也许要在外汇储备与汇率之间，因应经济起伏而作微调，2017年人民币汇率贬值空间有限，起码不像2016年那么多。

不过，舍汇率保外汇储备这个大方向从中期来看应该不会错。人民币汇率明显高估，出口企业的竞争力受压，海外消费、海外投资依然便宜。在行政干预之下，保外汇储备有短期的可行性，但未必是长久之计。通过行政手段为资金跨境流动设置障碍，可以暂时缓解汇率的下行压力，只是这会激发资金寻找其他途径外逃的欲望。

汇率起伏很正常

人民币汇率寻底过程仍在进行，唯有市场对人民币汇率预期平稳之后，人民银行才能重夺政策的完全自主权，外汇储备才能真正稳定。

有人认为，强势人民币是强劲的中国基本面的反映，应该维持。其实世界上从来没有一个国家的货币只升不跌。美国是公认的目前复苏势头最好的经济体，又是世界上的头号经济强国，美元是目前的强势货币，可是金融危机前后美元也曾有过持续大幅贬值的时期，美元贬值恰恰成为美国经济复苏的催化剂。美元上一轮暴贬，并没有影响其国际货币的地位，其经济复苏后汇率仍旧可以上升。汇率起起伏伏很正常，这是经济的一个内在调节机制，是经济压力的泄洪渠。

（2017年2月）

从国际购买力
看汇率

　　国人近年出国旅游，到哪里都觉得所在国的东西便宜，不少人进了超市买东西都不看价钱。很多中资企业到海外去收购公司，也觉得外国资产便宜。笔者的外国同事悄悄说："我们不觉得便宜，只有中国人认为便宜"。

　　中国人在海外的购买力大爆发，原因很简单。在过去的 10 年，中国的 M2（广义货币）发行增加了 3.5 倍，计入汇率升值因素更增加了 4 倍。金融危机之后，美联储、欧洲央行、日本银行都大谈 QE，唯独中国人民银行坚称没有 QE。界定 QE 有技术因素，但中国信贷的扩张速度远超世界其他大经济体。是无可置疑的事实。为进行国际比较，笔者将所有国家的货币发行均以美元计算。过去 10 年中国的 M2 增长（折成美元）平均每年达到 17.8%，同期美国 M2 增长 6.5%，欧洲和日本在扣除汇率因素后 M2 增长年均仅为 3.9%。

　　以美元计的 M2 可以大致看成国际购买力。如果将过去 10 年的 M2 画一张图的话，中国的国际购买力从美中欧日四大经济体中最小的变成了最大的，差不多相当于美国与欧洲的总和。这就是为什么国人走出国门后觉得什么都便宜。

货币发行终需回归平衡

如果各大经济体维持各自目前的货币发行速度，5年后的中国就差不多可以买下整个世界了，甚至连月球也可以买下。只是这不可能发生，全球货币发行早晚要回归到一个平衡点。

货币发行再均衡的第一种可能，是其他国家巨额印钞票。此事并非绝无可能，不过在可预见的未来，各国央行更多关注加息、缩表，实现货币环境正常化。

货币发行再均衡的第二种可能，是中国的 M2 增速降下来。这种情况已经发生，中国的货币政策稳中带收，决策层关注系统性风险多过保增长，但是从再均衡角度看，做得肯定不够。中国的货币发行力度远远快过各主要经济体，要想真正平衡，恐怕中国的货币发行需要零增长，甚至负增长，但是此举势必造成经济衰退，甚至触发系统性风险，成为社会不安定因素。

货币发行再均衡的第三种可能，是汇率变化。既然货币发行难以大幅收紧，就动汇率。国际购买力是由本币发行和汇率决定的，前者是基数，后者是乘数。汇率起落主要影响企业与个人的海外经济活动，对本土经济的冲击相对较小。

笔者并非预言人民币汇率即将大贬，事实上，中国的汇率短期在趋稳，过去几个月还出现了升值。但是从逻辑上讲，全球范围内货币发行再平衡早晚会发生，只是时间与形式的问题。汇率对本土经济的影响相较货币发行小，但是不代表没有影响，这个过程还涉及许多非经济因素。正常情况下，政府并不希望汇率大幅波动，汇率大幅贬值往往发生在债务去杠杆出现问题时。

汇率贬值是自我保护机制

第二次世界大战后的70年曾经发生过40多次较大的债务危机，近八成伴随着大幅度的汇率贬值。这是经济系统的一种自我保护，卸去经济下滑中的部分冲击，1998年的韩国、2008年的美国、2012年的欧洲，用的都是同一套路。让汇率承担经济出清所带来的巨大冲击，房价、工资就可以避免灾难性的打击，经济复苏就可以来得较快。希腊债务危机没有汇率逃生门，银行金融、就业工资便成为承力主体，希腊经济、社会至今仍在水深火热之中。

亚洲金融危机发生后，不同国家采取了不同的应对策略。韩国将韩元大幅贬值，不到两年就走出了债务危机，三星等企业甚至成功完成了转型。印度尼西亚走马灯似地换总统，其经济也在汇率贬值四年后复苏。马来西亚采取了另一种策略，坚持拒绝林吉特贬值，其结果是该国经济一直没有起色，在地球村被边缘化了。如果不是马航的飞机失联和朝鲜金性男子暗杀案，马来西亚几乎不会再出现在世界新闻标题上了。

中国并没有发生债务危机，所以笔者短期内也不担心人民币汇率大幅贬值。但是我们必须明白汇率运行的逻辑，连中央财经领导小组都在强调防范"灰犀牛风险"。一旦去杠杆走到某种程度，需要在稳定内部环境和稳定汇率上做抉择时，相信政府会毫不犹豫地选择前者。保外汇储备（即稳定本国货币发行）还是保汇率？经济学家在2016年下半年曾有过一段讨论，中国人民银行也给出了明确的答案，可在央行的网站上找到。

人无远虑，必有近忧。

（2017年7月）

中国太执着于 GDP增长了

我敢打赌，中国市民中明白GDP（国内生产总值）是什么的，一定比世界平均水平高出一大截。中国主流媒体中出现GDP的次数，比世界平均水平高出一大截。中国大小官员口中提到GDP的频率，也比他们的海外同行们高出一大截。

官员升迁的重要指标

中华人民共和国成立后的前30年中，统计数据中没有GDP这个概念。改革开放之后，GDP和西装、邓丽君的歌一起时髦起来。20世纪90年代官员的升迁考核中最重要的一项指标就是地方经济增长，GDP彻底火了。资本市场崛起后，投资者对GDP的关注更上一层楼，毕竟那是基本面，是经济形势的折射，盈利增长的疑似水晶球，想在股市上赚钱一定要看明白GDP。

其实，外国央行、海外基金经理、经济分析员对GDP的增长不是太关注，因为GDP是一个滞后指标，要到一个季度结束再统计整理，才能有数据出炉，而且数据通常还要做几次修正。比起采购经理指数（PMI）、非农就业甚至一些产业数据，GDP增长公布一般不影响市场走势，也激不起资金的兴趣。国外官员们更关心选票，关心选民关心的问题，而不是经济学家关心的问题。纵观全世界的政府、市场和人民，数中国对GDP最执着。

GDP统计的盲点

GDP统计有明显的缺陷。网上所传的一个关于月饼的故事，很能反映GDP统计的盲点。月饼厂家用80元折让，将值100元的月饼券出售。消费者A买了月饼券，节日前送给B。B并不想吃月饼，将月饼券以30元价格卖给黄牛，黄牛以40元价钱卖给月饼券收购商，收购商再以50元卖给厂家。厂家销毁月饼券，无须生产即赚30元，黄牛和批发商在中介过程中各赚10元。整个过程中GDP上升了200元，送礼那位赚到人情，其他每人都赚钱，月饼券转了一圈，GDP变大了，但是生产却没有出现，对就业也没有实质性帮助。

GDP只是对经济总量的描述，对经济结构却语焉不详。GDP无法描述产值是来自过剩的钢铁水泥行业，还是新型的消费行业，抑或创新科技投资领域。

换种说法，光看体重，无法判断一个人有没有高血糖、高血脂或高胆固醇。GDP增长也无法体现，增长动力是来自生产力提高，还是政府的刺激措施，所以也就无法反映增长的可持续性，更难反映隐含的风险。

增长与就业没有必然联系

这些年中国政府对GDP增长的执着，某种程度上与维护社会稳定有关。亚洲金融危机后，中国经济面临巨大的下行压力，政府展开了经济增长"保八"的战役。其实为什么增长的底线设在8%上，当时并没有做过慎重的研究和论证；近几年跌破7.5%，7%也未见触发大规模的社会震荡。

事实上，靠基础设施建设和靠出口拉动带来的增长，对就业的需求完全不同，对社会稳定的作用也不同。必须达到一个既定的增长目标来保持社会稳定，在笔者看来是一个似是而非的思维定式。当然如果经济彻底崩溃，社会稳定一定有问题，不过从逻辑上量化地讲，增长与就业之间并没有直接的必然联系。近年来GDP增长速度不断下滑，就业市场依然相对稳定就是最好的例证。

关心GDP增长不是一件坏事。中国经济在30余载的时间里，跃升为世界第二大经济体，其高速增长堪称奇迹，应该说举国上下关注GDP增长就是原因之一。但是关注变成执着，就未必是好事了。

如果这种情结挟持了政策制定的程序，就一定不是好事。

供给侧及增长效率更为重要

今天中国经济的问题是自生增长动力不足，其背后有周期性下滑的因素，有经济转型的背景，更有体制改革的需要。

GDP增长下滑是表征，政策应对不能治标不治本，更不能饮鸩止渴。为保经济增长，让地方政府大肆举债、房地产价格暴涨，这些或许能维持一时的增长，却对金融安定构成重大隐患，对长期稳定增长构成威胁。

事实上，第二次世界大战后，从制造业主导的经济转型为消费主导经济的国家中，还没有出现过一个能够维持4%增长的。中国经济已经进入了这个转型期，投资下滑、出口转轨是必然的，工业生产在经济中的占比不断下滑也是必然的。这是不以人的意志为转移的规律。

应对之策应该是发掘服务业生产效率的提高，刺激制造业转型，打破垄断，还富于民。这些是在供给侧寻求突破，提高增长的效率。一个效率较高的4%的GDP增长，在就业、税收、消费者福祉上甚至可能超出人为撑起来的6%的增长。是时候中国改变GDP本位的经济政策架构了，与其执着GDP增长，不如关心就业和国民福祉。

（2016年10月）

中国政府
不应该有增长目标

哪怕中国政府再努力，也不能改变中国经济已进入后工业化时代的现状，固定资产投资增速放缓，与其人为干预达成"稳增长"目标，还不如"稳就业"，让市场有出清的机会。

降低期望面对现实

2017年3月，在全国人民代表大会上，国家总理李克强宣布2017年GDP增长目标为6.5%，通胀目标为3%，货币供应M2增长目标为12%。GDP增长目标6.5%，是自政府公布每年政策目标以来最低的一次，不过在笔者看来，可能是这几年比较现实的一次。

中国经济已进入后工业化时代，投资增速放缓无可避免；在目前全球经济环境和国内生产成本下，出口不景气也会持续。让一个中年人像小伙子一样跑步打球，有点勉为其难。降低对自己的预期，是对自己的健康负责。

中国的固定资产投资增速，自2007年起就偏离过去30年的增长趋势，哪怕政府再努力地刺激经济，投资增速依然在放缓。这有周期性原因，有"去产能"的需要，但最根本的还是中国工业化发展到这个程度，基础设施经过十年井喷式建设，投资已难维持在之前的超高速增长水平了。但政府为了维持增长目标，年复一年地通过货币扩张和财政扩张，人为地推高投资，称之为"稳增长"。

火烧连营的风险

为什么要"稳增长"？一般的逻辑是，维护社会稳定十分重要，因此必须保持一定的就业增长，所以经济必须维持一定的增速。保增长目标始于朱镕基任内，当时提出的"保八"，并未在增长和就业关系上仔细论证，设定过程较随机。之后年复一年，增速成为政府的政绩，近几年经济政策更被人为设定的增长目标所挟持。

必须看到，中国人口结构出现了重大改变，消化农村剩余劳动力的压力已大减，农民工的就业出路已呈多样化趋势。同时投资对就业市场的拉动作用不高，乘数效应愈来愈低。必须看到，投资是好事情，但过度投资、不当投资，对经济的长期稳定和可持续增长，可能构成负面冲击。

中国经济的整体负债水平在新兴国家中处于高位，近年通过居民部门增杠杆来帮助地方债务和房地产商去杠杆，在某种程度上是将经济最强的一环绑在最弱的一环上，增加了火烧连营的风险。

笔者认为，中国政府不应该有增长目标，政策更不能被增长目标所绑架。稳增长，不如稳就业。只要就业市场不出大的乱子，人为干预就应该减少，让市场有出清的机会，让经济有自我调整、自我修复的机会，有通过释放小风险来降低大风险的机会。

（2017年3月）

肆

后工业化时代的中国

经济企稳，
改革还远吗？

2016年的中国金融市场，始于一场股灾，终于一场债灾，期间人民币汇率还有几次颇大的波动，人民币利率在第四季度开始攀升。不能不说，这是意外横生的一年。

意外，顾名思义就是意料之外的事件，但却有其内在规律。当政策绷得太紧，当投机过于炽热，当估值大幅偏离基本面，往往一个小的事件就可以触发资产价格的极端波动。此时此刻，中国经济和市场便处在这样的环境中，2017年面临同样的风险。

中国经济政策五大特征

未来，中国的经济金融政策，有几个重要的新特征。

第一，2017年是中共中央领导层换届之年。中国领导人在过往有一代两届的习惯，不过这次中期换届的人事变动可能大过以往。换届可能对货币政策、财政政策、汇率政策、风险管理模式均带来影响。

第二，货币流动性收缩已经开始。中国人民银行的政策利率没有出现变化，货币环境已经开始趋紧，这与国际大环境是同步的，也符合控制过度金融投机的国内政策的需要。资金市场流动性紧绷、债市融资暂时断流的情况不会全年持续下去，但是货币政策悄然收紧却是一个新趋势。

第三，财政政策处于两难状况。2016年下半年起，政策性银行主动出击，公共开支力度明显加强，基建设备订单上升，原材料价格反弹，这是经济企稳的主要原因。但是企业税负沉重，民企不愿投资也是不争的事实。中国的财政刺激全是政府花钱，与减轻企业负担有些"鱼与熊掌不可兼得"之感。

第四，"房子是用来住的"。管理层推出"房子是用来住的"是住房政策思路上的一次重大改变。近年来住房被视为拉动经济增长的引擎，住宅的金融属性超过居住属性，成为资金入市的主要原因。天量的流动性和缺少其他投资渠道，助长了房市的炒作，并形成恶性循环。让住宅回归居住属性，意味着政策上不再暗地助长房市炒作，对过热城市实施必要的限制趋向常态化。

第五，人民币贬值预期构成政策掣肘。2015年8月开始的几次贬值，彻底改变了国人对人民币汇率单边升值的预期，资金出走成为2016年中国经济的一大故事。资金外流不仅迅速消耗了外汇储备，更吞噬了货币政策的运作空间，进一步降低了企业投资的积极性。人民币汇率何去何从，对2017年的经济状况有直接的影响。

第六，中美关系面临巨大的不确定性。特朗普在竞选中扬言会对中国产品施以惩罚性关税，并给中国贴上汇率操纵国标签。特朗普当选总统后的言行及在经济部门官员的选择显示，他的确有将竞选承诺付诸实施的打算，只是我们暂时不清楚他会走多远。美国是中国最大的贸易伙伴，特朗普对华政策对中国经济有直接的影响。

罕见的改革窗口期

在这种大的政策环境下，中国经济在2017年如何前行？

经济已经有明显的企稳迹象，以PPP为特色的投资势头已经形成，基础设施投资再次成为引领增长的引擎。同时，房地产新开工项目增加，对经济产生乘数效应。消费稳定，汽车销售大幅反弹。以原材料为首的上游产品价格大幅回升，并刺激物价全面上扬，通货膨胀概念久违地重现。笔者不排除2017年上半年GDP增长达到7%的可能，CPI明显突破3%应无悬念。

经济增长短期来看已经企稳，为改革提供了一个近年罕见的窗口期。高层在思路上似乎也放弃了不惜代价保增长的政策传统，这对于推动改革进程都是正面的。

中国经济要想回到自主可持续增长，必须打破国企垄断、降低企业营商成本，以重新燃起民营企业的投资积极性。自从党的十八届三中全会以来，改革呼声很高，但是实施效果并不理想，利益所在使然，各级官员不作为使然。2017年能否真正让改革迈开步子，唯有时间可以给出答案。

房地产市场估值过高

中国经济为了维持一定的增长速度，经济杠杆愈压愈高，金融在经济中的占比迅速上升，远远超过了发达国家的水平。从地方政府到国有企业，从开发商到金融机构，资金借贷比率非常高，中间还有许多灰色地带和违规行为。

近期的房地产热，还将高杠杆倾向传染给了部分买房人。高杠杆永远是一个金融风险，在资金成本突升时其风险度更会被放大。笔者认为，2017年便是这样一个资金环境，信用违约事件可能明显上升。如何控制系统风险，成为监管当局的一大考验，也是所有市场参与者必须认真对待的。

风险上升，不代表机会不存在。无论从人口结构还是承受能力，中国的房地产市场都存在着估值过高的问题，三四线城市更面临巨大的库存压力。今天支撑房市的不是居住属性，而是金融属性，房子是一种金融产品，是受到流动性热捧的投资品。对于房价暴升的一线和部分二线城市，地方政府通过限购限贷加以遏制。笔者认为，政府并非想打死房市，而是试图以滚动式调控将游资逐步引导向三四线城市，为"去库存"服务。

房地产金融属性的逻辑应该适用于2017年的股市。如果中国人民银行能够维持目前的流动性，资金流入房市速度趋缓，流向海外渠道不畅，则股市有得一升。经济企稳、盈利回升、通胀显现，均可能成为股市向好的催化剂。市场目前的最大敌人是风险溢价。当然，靠流动性驱动的市场必然波动。

消费结构的重大变化

中国经济的消费结构近年来出现了重大变化。服务业消费占比迅速提高，个性化、体验式消费成为新的增长点。这是今后经济增长的趋势，也是供应端必须迅速适应的结构性变化。

与此同时，以 IT 行业为代表的产业升级换代势头迅猛，有些领域已经有引领世界潮流的态势。笔者对中国经济转型不悲观，只是这个过程需要时间，期间不排除周期性的回落和金融去杠杆。另外，民营企业的参与度将决定下一个周期的增长潜力。

中美经贸关系逐步稳定

2016 年人民币汇率一贬再贬，牵动着寻常百姓的心。近期其实不是人民币贬值，而是美元升值。特朗普通胀故事和美联储加息行动，触发了美元飙升，人民币随同其他货币走软。笔者相信美元强势还会持续一段时间，人民币兑美元依然处在缓慢贬值的轨道上。不过，中国经济对欧洲、日本经济的相对基本面于 2017 年则有所改善，中国政府在维稳心态下也未必主动制造大幅度的贬值。笔者预言人民币对一篮子货币汇率在 2017 年稳中略降。

中美关系是 2017 年的一个突出且不确定因素。中美经贸关系早已融合在一起，硬要制裁中国产品，最终受到伤害的不仅是中国的出口企业，还有美国的消费者，何况中国也有不少反击手段。在此逻辑下，一般的结论是特朗普上任后会对中国产品和汇率作出象征性的惩罚，随后两国领导人在斗争和磨合中彼此了解，经贸关系逐步稳定。不过，用精英的逻辑来推断特朗普的行为，在过去并不成功。

　　综上所述，中国经济在2017年将相对稳定，结构改革和中美关系是两大看点，楼市稳定，股市看升，信用风险上扬，汇率稳中走贬。由于流动性和货币政策处在极端状态，市场大幅波动难以避免。

（2016年12月）

QE退潮——大逆转中的风险与机遇

坦然拥抱
后工业化时代

　　一个显而易见而市场却选择避而不谈的事实是，中国进入了后工业化时代。

　　经历了30余载的投资高速增长，2007年之后投资在经济中的占比停止了上升。全球经济衰退掩盖了一个结构性问题：民营投资热情消失，其背后是暴涨的劳动力成本、国进民退的营商环境和一升再升的人民币汇率。既使政府通过公共投资刺激经济，投资比率也不再上升，工业生产在经济中的占比出现大幅回落。其结果是中期增长潜力弱化，"增长难"困扰着中国经济，"稳经济"成为年复一年的政府工作目标，生意一年比一年难做成为多数企业共同的困局。

应重新激发民企的积极性

　　民营投资热情衰退是近年来中国增长钝化的核心问题。重新激发民营投资的积极性，是经济走出困境的正解。不过政府近年来却摆出"你不投资，我帮你投"的架势，越俎代庖地成了投资主力。

　　公共投资对短期经济增长的确起到了稳定的效果，不过也导致许多错位与失衡，这在地方财政上表现得尤为突出。同时，经年不断的逆周期政策操作，令宏观政策的边际效应越来越低。中国人民银行一次降息对股市的利好影响，可能不到一小时；国家发展改革委员会几轮专项基金推出，经济似乎不见多少反应。

中国经济出了什么问题？经济其实没有出问题，问题出在你身上、我身上、市场身上、政府身上。风动？旌动？其实是我们的心动。笔者的很多客户声称不相信中国的统计数据，可是当不好的数据出来时，他们却又抢着抛售股票。

如果市场能够以后工业化的心态来观察数据，人们的反应就会平和许多，如此心态下作出的投资策略应该更明智。如果政府可以用后工业化时代的眼光审视目前的经济形势，也可以省却不必要的政策焦虑，避免政策上的无理手，这更有利于长期的经济稳定和金融安全。

后工业化时代增长速度必会放缓

第二次世界大战至今，尚未出现过一个经济体，在实现从制造业向服务业转型后仍能持续维持4%以上增长速度的。如果中国真的已经进入了后工业化时代，中期增长速度出现结构性下降无可避免。这是经济规律，不以人的意志为转移。

今天出现6%的工业增长，市场大哗。五年后再有6%的工业增长，也许分析员会击节叫好。换言之，目前我们认为"底部"的工业生产数字，可能是下一个周期的"顶部"，这就叫后工业化时代。

增长放缓也许是结构性的，不代表需求全部消失。中国游客2015年在海外花费了1.2万亿元，去日本旅游背马桶盖回来，去韩国旅游顺带做整容，把子女送到美国寄宿学校，把培训班开到普吉岛上。这是真金实银的需求，是如假包换的需求。

问题出在供应端，中国的企业仍在生产钢铁、水泥、煤炭。笔者认为，中国经济的问题在于供需错位，中国经济的未来在供需重新匹配。通过宏观政策人为地维持供需错位，只会延续转型的痛苦，僵尸企业拖垮好的企业，并可能制造出潜在的金融风险。笔者支持去过剩产能，支持结构性改革，改革必须落到实处。

改革，尤其是国企改革，是启动民营投资的关键，是经济转型的胜负手。唯有如此，才能将经济重新推回到欣欣向荣、可持续增长的轨道上。至于GDP增速是多少，反而不太重要，毕竟中国经济的体量已经很大，毕竟增长的质量比增长的数量更重要，毕竟人民的福祉比GDP数字更重要。

储蓄率将大幅下降

笔者相信，中国可能是战后第一个在转轨至消费型经济之后还可以在相当一段时间内维持4%以上增长的国家。笔者预计中国的居民储蓄率，在15年内可能会由目前的28%下降到5%~6%，成为今后若干个周期的主要增长来源。

90后正进入消费大军，这是一代从未经历过物质匮乏时代的消费群体，粮票、肉票、工业券对他们是天方夜谭，他们有着尽情消费的底气，许多人是"月光族"，他们结婚买房还会把父母的储蓄率也拉下来。

90后之后很快有00后，接下来是10后。当年轻的一代成为消费大军的主力时，中国的储蓄率必然大幅下降。长远来看储蓄率急跌会衍生出一些问题，不过对经济转型和今后十几年的增长却是重要的，这也是笔者对中期增长不悲观的理由。

在"用活存量"的名义下，将民间储蓄引向房地产市场，引向地方债置换，为公共财政买单，在某种意义上是在透支下一个周期的增长动力。这样做也是将中国经济中最强的一环捆绑在最弱的一环上，将经济防火墙的大门洞开。

一个高质量的4%增长

中国经济大约十来年便会出现一次大转型。20世纪90年代中开始，中国成了世界加工厂，出口成为经济的主要拉动力，我们在海外市场掘到了第一桶金。改革开放和经济特区等供给侧改革是那轮经济腾飞的动力。随后的十年，基础设施建设和房地产热触发了投资的井喷，带出一轮资产升值。清除国内市场壁垒、银行改革、住房改革，是那轮经济腾飞的基石。现在经济已经站到了一个新十年的门口，需要供给侧改革来点燃民营投资的积极性，需要符合新一代消费者的消费热情、消费理念和消费习惯的新供给在市场主导的资源配置中产生，新型的消费和新型的供给将主导中国经济的未来。

这不仅仅是投资转向消费的过程。同是消费故事，洋快餐在华销售一蹶不振，而洋咖啡却如日中天，这反映了人口结构、消费品味、购买习惯的变化。同样，今天股市中股指权重公司多为银行、国企、地产商，相信十年后的成份股指一定不同。

放下对过去的执着，坦然拥抱后工业化时代的到来，去适应和创造一个新时代。未来是美好的，一个高质量的4%增长同样美好。用大时代的眼光，看经济、定政策、避风险、找机遇。

山是山，水是水，风是风，唯一能够改变的是我们的心。当心清静了，顺势而为，其他都不难。

（2016年4月）

肆　后工业化时代的中国

服务业腾飞
是经济再起之源

中国App（手机软件）、移动支付日益蓬勃，在4G应用上甚至超越美国；只是中国服务业起点低，如何提升质量、满足多变需求，将是经济转型的关键。

共享经济和电子支付

笔者去北京，老朋友亲自来接机，说要请我吃饭。原以为他会带我去高级食肆，不料他拿出手机按了几下，径自带我回他家了。原来他通过App约了厨师，在家里做了几道菜，很有家的感觉，厨师只收了98元人民币。这是中国的共享经济。

一次抵达郑州机场，发现机场内有各式地方小吃，正想买一点试试，才发现那里的商店已经进化到移动支付，不收现金，只需用"××宝"嘟一声即可，可惜我没有国内支付卡，只能流着口水悻悻离开，郑州机场的移动支付水平比世界各大机场都先进。这是中国的电子支付。

近年中国移动技术出现了一次跳跃式进步。中国在3G时代，执着于自主开发制式，试图重新发明车轮，结果3G的应用远远落后于世界上的其他一些国家。不过这为4G时代的商机提供了契机，少了已有的电子商务，移动业务正好甩开膀子向前冲。国内外资本市场的融资能力也令移动应用遍地开花，部分企业迅速形成规模效应。笔者看来，中国在4G应用上，许多地方已超过美国，在市场渗透上执世界之牛耳。

由制造业主导转向服务业主导

中国经济由制造业主导转向服务业主导是一个毋庸置疑的现实。服务业生产力提高的速度，一般慢过制造业也是不争的事实。从这个意义上讲，中国经济增长放缓是一个中期趋势，不因人的意志而转移。

不过中国的服务业起点低，改进空间大，又使得短期生产力的发掘空间颇大。从银行、投资到医疗、教育，服务质量普遍不高，产品也比较单一，这是中国服务业出现蛙跳式进步的基础。同时，中国消费者的消费能力迅速提高，市场空间膨胀，只是服务供应方无法提供高端的服务，才出现海外游热、国内游冷的局面，才出现家长争相将子女送往美国、英国、澳大利亚去读书的现象。

如何改善服务质量，提供消费者所需产品，将服务多元化、个性化，是摆在服务业面前的共同课题，也是中国经济转型的重要标志。中国不缺需求，只是所提供的产品无法满足消费者改变中的需求。

（2016年11月）

中国制造业竞争力下降

十年前，谁能想象巴西会成为全球制造业成本最高的经济体之一，中国的制造业成本高过墨西哥，美国的生产成本出现戏剧性改善。

波士顿咨询公司公布的"全球制造业成本竞争"图谱显示，各国制造业的竞争力在过去十年发生了巨大的变化，相对成本的此消彼长，不仅给生产和出口带来深远的影响，对收入与增长潜力构成冲击，并且使全球地缘政治的平衡发生了微妙的变化。

制造业竞争力：中国急降美国渐升

波士顿咨询公司通过以下四个因素评估各国的制造业竞争力：制造业工资；劳动生产率；能源成本；汇率。

巴西、中国、捷克、波兰和俄罗斯是过去十年中制造业竞争力下降最快的经济体。欧洲和澳大利亚竞争能力继续减弱，印度、印度尼西亚等持平，美国和墨西哥的竞争力则显著回升。

美国竞争力上升，很大程度上得益于本土能源成本的大幅下降，加上生产率的持续升高和工资增长相对缓慢，令美国重新成为一个具有竞争力的制造业市场，当然它的优势主要集中在附加值较高的制造业产品上。油价暴跌挤压了不少页岩气企业的生存空间，但是另类能源的崛起对美国经济的整体格局带来了提升效益，制造业在美国重新崛起不是嘴上说说的。

中国劳动力及能源成本高

工资的大幅上升，汇率的巨幅波动，投资的消失，使巴西和俄罗斯的制造业竞争力下降较大，巴西的制造业成本甚至高过西欧，不能不说这是两个金砖国家的悲哀。近年来印度经济取得了长足进步，但是竞争力评估被第二类因素所拖累，包括营商环境、物流处理能力和腐败指数。产业链不足，也是企业竞争力不足的原因之一。汇率巨幅上升，成为营商竞争力不足的另一个原因。

除了巴西之外，最受瞩目的当属中国制造业竞争力的衰退。劳动力成本暴涨、生产率提高放缓、汇率持续升值令中国的竞争力向美国看齐，而非与多数新兴市场比拼。

能源成本居高不下，进一步侵蚀了中国制造业的竞争优势。当然，这里没有分析市场因素，相信部分外资进入中国的着眼点在于中国的需求而不是生产成本。不过仅从成本角度看，中国制造面临着过去30年来最尴尬的一刻。

全球生产基地多元化

战后经济史，基本上是围绕着全球化这条主线展开的，商品的自由流通、生产线的全球转移和资金的跨境流动，打造出人类历史上最兴旺的（相对比较和平的）70年。

这段时间，贸易自由化带来专业分工下的规模化生产，带来发展经济学所讲的"雁行分工"，即当生产成本过高时，日本逐步开始向东南亚国家进行直接投资，最后中国融入系统，变成世界加工厂。

笔者认为，此次波士顿咨询公司所描绘出的全球竞争图，恰恰预示着全球生产秩序在从"雁行模式"转向"多元分布"，中国之后没有第二个中国，而是不同产业、企业根据自身的特点，选择移向东南亚，或移回美国、韩国本土或留在中国。产品特质、产业链、内部市场对于生产基地设在何处均是重要考虑因素。这次调查的结果显示如今是过去40年来第一次没有一个明显的单一投资去处，全球生产基地呈多元化状态。

未来的增长点将来自服务业

波士顿咨询公司的研究从国际实证的角度，证实了一个不少人早已感受到的变化，中国制造业的竞争能力已今不如昔。世界排名下降很快，只是由于供应链上的优势，出口份额暂时受到的影响不大。但是，中国的出口竞争力下滑、制造业外资出走是不争的事实，甚至本土制造业也在寻求在海外设立基地的机会。

劳动成本暴涨、人民币汇率急升、制造业生产力提高裹足不前、产能过剩，令出口制造业很受伤。出口制造业曾经让中国掘到了第一桶金，是中国经济崛起的灵魂，也是中国资产升值的初始动力。出口业竞争能力钝化所带来的影响，不止于贸易，从增长动力到货币发行再到汇率走势，将对中国经济构成立体式的冲击。

制造业竞争力下降，也不能一概而论。华为成为专利净输出公司，就是一个反例；国产手机崛起，又是一个例证。从电信设备到造船，在制造业升级上，中国还是有重大进展的，不过低端出口市场萎缩恐怕也难以避免。

当然，制造业竞争力并非评估中国经济健康程度的唯一指标。目前中国经济的发展阶段，内需或许更重要；以中国经济的体量，世界市场难以为其提供足够的持续增长空间。中国经济转型并无其他选择。从内需角度看，中国的制造业整体上也有产能过剩、盈利空间不足的问题，相信今后经济的主要增长点来自服务业。

服务业的国际可比性，没有制造业那么清晰，不过从旅游业到金融业，产品单一、效率低下是共通的毛病，高端服务业被国企垄断，寻租现象严重也为人诟病。如何提高服务业效率，提供多元化、高质量的服务产品，是打破目前增长难困境的钥匙，是挑战，更是机会。

（2016年8月）

中国南向投资
开花结果

中国企业在东南亚的投资已明显超越了美国，这就是为什么东盟各国纷纷向中国靠拢。除了以往在能源、房地产、交通等领域投资，如今更多了IT经济与消费经济，可谓百花齐放。

东盟六国与中国经济融合

中国企业在东南亚的直接投资取得重大突破。中国在东盟六国的直接投资，2008年是60亿美元，2015年是80亿美元，2016年前10个月已超过170亿美元。中国企业在东南亚投资势头之猛，超出笔者的想象。

东盟六国与中国经济融合在四方面有明显突破。第一，菲律宾总统杜特尔特的外交转势，在整个东盟造成多米诺骨牌效应。第二，马来西亚总理纳吉布访问中国后，马来西亚对中国直接投资的大门明显敞开了。第三，中国造高铁在印度尼西亚开工。第四，中国与东盟的投资合作，从政府对政府（G2G）到企业对企业（B2B），现在又到了企业对政府（B2G）。

"一带一路" 倡议

中美两国对东南亚影响力此消彼长的一个重要背景，是美国主导的TPP（跨太平洋伙伴关系协议）无疾而终，这大大打击了美国的威望。美国对东南亚的支持，多在外交、军事领域，美企对东南亚的辐射，远远差过中国。人民币贬值加快了中国企业海外部署，中国本地融资成本大幅下降，也为中国企业出海增添了新动能。当然，"一带一路"倡议，又为中国企业投资东南亚打开了快速通道。

中国在东南亚的直接投资主要集中在印度尼西亚、马来西亚和泰国，过去重点在基建、能源、金融、房地产及交通领域；IT经济和消费经济的投资明显上升，成为2016年的一大亮点。中国向东南亚投资呈百花争艳的局面，这和东南亚对中国投资态度相对宽松以及和当地华人经济实力较强有密切关系。

笔者认为，中国企业南下东南亚的大趋势，未来几年会进一步走强。

（2016年11月）

中国
套利机制 2.0

　　2015年12月的进出口数据让人疑惑，港口货运吞吐量大幅下滑，公海上行驶的货船数量减少，出口数据却比分析员预期的好很多，进口也在改善中。

贸易资料不吻合

　　细读数据，发现进入自贸区的出口量大增，输往香港的出口量大增，电子类产品（尤其是IC产品）的进出口大增。这与我国香港所见到的订单状况不吻合，与各主要贸易国的需求及贸易数据不吻合，与周边国家同类出口产品的反馈也不吻合。

　　笔者相信，12月外贸数字好转的数据，有部分为虚假贸易，和资金外逃有关。过去曾经发生过，出口商将货车开入保税区（或香港）作一日游，借此骗取银行外贸信用证，持此内地银行担保去香港获取贷款，再将美元贷款转成人民币，购买内地理财产品，套取美元贷款利率与理财产品回报之间的利差。此项套利交易（内地称内保外贷），在人民币不贬值、理财产品不违约的情况下，盈利丰厚，并在2012—2014年制造出大量财富。之后由于国家打击以及人民币汇率预期改变，此类套利活动式微。

套汇交易作资金跨境流动

与当年的套利交易不同，这次是套汇交易，通过外贸将人民币资产转移出境。当年是将一货车出口产品频繁进出保税区，制造乘数效应；如今是用难以估值的电子产品，夸大或缩小其价值，通过价差作资金跨境流动。

案例一，进口商把5美元的芯片以100美元买入，将人民币换成美元后以进口名义将钱汇出，在境外与外商分利。

案例二，出口商与境外关联企业联合制造虚假出口，国内银行担保，在海外获取美元贷款，重复进行交易来扩大规模。

这些贸易的共同特点是，不合理的价格、重复交易、资金滞留海外，交易过程可能出现亏损。

这些年国人在套利机制上发明了五花八门的手段和工具，迸发出的创造力叹为观止。如果把这些精力用在科技创新上，恐怕中国版的苹果、谷歌早已出现了。

（2016年2月）

通货膨胀
开始拍门

2016年底，传闻称空调厂家在酝酿双位数涨价时，笔者便意识到通货膨胀即将升温。12月PPI（生产价格指数）同比上涨5.5%，凸显这轮通胀的源头；同月CPI（居民消费价格指数）回落至2.1%，其实是被暖冬下蔬菜价格回落所掩盖，非食品类物价持续升温。

成本拉动价格上升

笔者从事金融业经济分析20余年，上一次白色家电出现双位数价格上升还是在职业生涯的早期。与上次不同，这次价格上升纯粹是成本拉动。原材料价格在2016年暴涨，从纸浆到食材价格都在暴涨，迫使下游厂家加价。

由于PPP（政府和社会资本合作）主导的基建投资加速推进，市场上对原材料的需求的确有所上升，但是需求回升与原材料价格的暴涨根本不成比例。2016年的两轮原材料价格暴涨，全是中游拉动的，以期货市场为首的金融市场乃是此轮PPI上涨的始作俑者。流动性过剩，刺激期货市场炒作原材料，适逢库存偏低，价格反弹。反弹的价格，带动更多的资金抢入，于是价格节节上扬，厂家惜货捂盘，循环炒作形成。金融属性而非工业属性拉高了原材料价格，这和2016年的房地产市场异曲同工。

加大控制流动性的需要

原材料价格上涨幅度之大，令下游企业不得不加价，笔者相信CPI通胀上升大局已定。人民币贬值，也带来进口通胀。以目前的经济形势看，中国经济短期已经企稳，但是PPP相关的投资之外，整体需求并不旺盛，因此暂时未见恶性通胀的压力，不过CPI突破3%并非不可想象。

通货膨胀目前并非中国人民银行的主要担心点，不过在其宏观政策管理上又多了一个掣肘因素。流动性主导的房价暴涨，给央行增加了很大的压力，尤其是"房子是用来住的"言论出台之后。房价高涨，不仅带来金融风险，而且增加了营商成本，伤害了实体经济。原材料价格暴涨，也将带来同样的问题。这些进一步加大了央行控制流动性的需要和政治意愿。

不容小觑的潜在风险源

2016年发生的另外一件事情，就是外汇储备大幅下降。在过去十几年，中国的外汇储备迅速上升，曾经是央行制造国内流动性的最大源泉，外汇储备变化与货币供应的关联度甚高。现在外汇储备突然急跌，不仅稳定汇率的弹药在减少，央行也在被动地收缩流动性，这是2016年第四季度银行间利率急升、债券市场暴跌的一个重要原因。

过去几年中国人民银行的货币政策非常简单，只需要单边扩张、释放流动性、拉低资金成本来刺激经济。如今面临愈来愈多的政策制约，货币最宽松的时候已经过去，也许积极的财政政策真的需要更积极了。本届政府的财政扩张一直是雷声大雨点小，一直靠稳健的货币政策变得积极来撑台面。2017年财政政策能否真的积极起来，对于经济增长的走势十分重要。

通胀升温不止出现在中国。美国的工资增长开始加速，估计几个月内就可能传导到消费物价上。石油价格大幅上涨，势必在世界范围内带动消费能源的价格。笔者认为，除了市场经常谈论的选举和央行事件，通货膨胀可能是2017年市场不可掉以轻心的潜在风险源。万一通胀成真，风险资产势必面临新变数。

（2017年1月）

伍

香港经济前途

回归后
香港经济哪里出错了？

朋友寄来一张很有趣的电子版中国地图，上面标有香港和十余个内地城市，每个城市有一个小视窗，视窗里动态地演示着该城市交通网络的变迁，20世纪90年代至今，20年中，香港的城市布局与交通网没有什么变化，内地城市却全部出现了一次飞跃式发展，不仅北京、上海、深圳如此，郑州、重庆、西安也一样。

交通网络建设不是一个城市发展的唯一指标，不过这张地图却直观、清晰地反映出香港与内地城市在经济发展上的此消彼长，逆水行舟，不进则退，香港经济错失了国家经济腾飞所带来的黄金窗口期和转型期。

依靠金融业维持表面繁荣

回归后的香港经济并非一无是处，金融业更是盛开的奇葩，香港金融在过去20年完成了从地区金融中心向全球金融中心的变身，跻身"纽伦港"三大资本市场，股市集资甚至多年高居世界第一。这是回归后最值得自豪的经济成就，也是支撑香港的最重要支柱产业，更是未来若干年经济的一个主要增长点。

香港旅游业一直是经济的重要增长引擎，其曾在自由行的强力拉动下创造出一时的辉煌。但是随着自由行喧嚣渐静、港币汇率居高不下，旅游业感受到阵阵寒意。其实无论金融业还是旅游业，香港自己做的有限，多数生意来自内地，自由行更属中央政府直接送礼。在笔者看来，目前香港经济是一好遮百丑，依靠金融业的旺景维持着表面的繁荣。

相对优势愈来愈小

鸦片战争后，香港很长时期维持着内地的中介、买办角色。改革开放以来，香港对内地的中介重心大约转变了四次，招商引资、设厂投资、贸易平台、金融平台，成功的底蕴是香港在资金、信息、基础设施、资本市场上的优势。

不过除了资本市场，这种相对优势愈来愈小，个别领域甚至出现了相对劣势。在中国内地完全开放资本项目之前，笔者相信香港在帮助资金跨境流动（尤其是帮助中国资金出海）上还有较大的空间，但是除此之外，香港与内地之间的中介套利空间愈来愈稀少。

三大趋势影响香港经济

香港的结构性经济问题更多是内生的。回归后的20年，香港出现了三个趋势：

（1）经济房产化。在土地政策和房地产政策上，香港出现了重大失误，导致房价飙升、租金高涨、资源错配的局面。房地产独大影响其他行业的发展，令经济转型裹足不前，也加大了系统性金融风险。

（2）管制弱化。香港特区政府的管治能力弱化，官场文化追求"少做少错"，政府也难吸收商界精英入局。缺乏战略人才、疏于战略布局，经济转型自然裹足不前。

（3）机会固态化。自由经济、百花齐放曾是香港傲视全球的立命之本。苦干、巧干便能攀爬社会阶梯，但是如今旧行业多为垄断把持，新行业机遇有限、成本颇高，年轻人向上爬的机会愈来愈少。

这三点如果得不到有效解决，香港经济在未来20年也难有大作为。

需寻回"狮子山精神"

出路在哪里？大家不约而同地将目光转向香港特区政府，希冀它可以拿出一套方案来振兴香港经济。

笔者认为，过去20年香港经济的沉沦，最大原因就是丧失了"狮子山精神"，借用特朗普说的就是动物精神（animal spirits）才是香港经济最需要寻回的。

（2017年6月）

香港楼市前景
还要看内地

近年来内地发展商积极进入香港房地产市场，拍卖土地时叫价之强势，令人咂舌，许多香港行家直言看不明白。以香港的惯常计算方法，内地发展商的叫价的确让人看不明白，但是如果计入人民币汇率贬值预期、两地间租金回报之差价、资金成本之差异，内地发展商标书中的价格未必真的疯狂，何况流向海外的资金，犹如跳出了如来佛的手掌心。

前不久笔者路过红磡火车站旁的购物广场，恰遇某发展商开售荃湾一楼盘，价格绝不便宜，但是购物中心三层空地上，满是等待买楼的，人山人海，盛况可用震撼来形容。

香港的买家苦等房价回落若干年，房价却愈升愈高，放在银行的储蓄又不断缩水。置业成家乃刚性需求，唯有父母出资首付，按揭还贷。受到这类买家的支持，小面积住房、发展商提供按揭优惠的楼盘就卖得特别好。这是目前香港楼盘的一类买家。

内地房价节节升高，一线城市的房价直逼香港，而香港的医疗教育优势、法制税务环境又是重大卖点。即将实施的全球税务信息联网CRS（共同申报准则），将世界各地所有金融资产纳入监管网内，唯有住宅不包括在其中。内地投资者购买香港物业的市场份额已由几年前的个位数上升到30%。这是目前香港楼盘的另一类买家。

香港楼市在2003年前后出现了一个分水岭。此前，楼市走势与美联储的货币政策挂钩，对全球资金流向十分敏感。香港实施联系汇率，这种关联性当然可以理解。2003年之后，内地经济对香港的影响力与日俱增，内地资金成为香港资金流动性的最大外围因素，因此香港楼市与内地资金的关系愈来愈密切，全球金融危机后香港楼市的反弹就是从内地资金爆炒香港豪宅开始的。内地资金当然与内地的货币政策、杠杆比率、资金流向相关联，而反映内地货币环境的最佳指标一定是内地的房地产市场。所以笔者认为，2003年后香港楼市开始与内地房地产市场挂钩。

香港楼市近年只升不跌的一个重要原因，是内地房价节节上升。参照物如此，资金流向自然跟随，何况香港有不少内地市场没有的优势。近期人民币汇率预期的改变，加速了资金的外流，与香港的刚性需求相吻合，再加上住宅单位供应不足，香港楼市顺势而起。

没有楼价大跌的国际环境

从外围环境看，2017年是全球货币环境正常化的元年。美联储连续加息，减少资产购买规模、逐渐退出QE已箭在弦上。中国人民银行宣称中性的货币政策，温和、渐进地回笼流动性亦成趋势。更有甚者，政府监管和去杠杆之下，银行快速收缩表外业务，影子银行集资骤减，中国的货币政策也已转向。欧洲央行公开讨论减少资产购买规模，欧洲即将启动回收流动性。日本银行是几大央行中唯一没有公开申明退出QE的，不过估计下一年亦会有所行动。总体来看，全球范围内，央行进入了后危机时代，缓慢地回收流动性实为大势所趋。

不过，全球经济复苏并不牢靠，困扰已久的结构性问题并未得到妥善解决，央行回收流动性也只能摸着石头过河，随时准备改弦易张。笔者认为，香港的按揭利率有回升100～150点的空间，但是资金成本偏低的大格局在可预见的未来未必改变，下一轮经济衰退时利率再次下降甚至重启QE都是可能的。以目前的货币政策改变节奏，笔者暂时看不到足以令香港楼价大跌的国际环境。

来自内地房市的不确定性

不确定性来自内地。中国的债务占GDP比重超过250%，而且多集中在企业（尤其是地方平台）和地产领域，比拥有印钞权的主权债务风险更高。同时居民部门债务迅速上升，老百姓的储蓄被房地产市场迅速侵蚀。在刚刚结束的全国金融工作会议上，会后声明中"金融风险"一词出现了31次，"去杠杆"出现了28次。风险不代表危机一定发生，但是"去杠杆"过程必然隐含更高的风险。未来几年中国房地产市场出现调整的机会较高，这是由中国的信贷周期大环境所决定的，只是短期触发点尚未出现。

相对于内地房市，香港的房市一旦下跌，调整压力可能更大。香港的银行唯有收缩银根来消化潜在的坏账；内地可以通过调整人民币汇率来消弭部分下滑冲击，香港却没有汇率逃生门；内地投资于香港楼市的资金届时可能回流，香港是资金自由港，海外资金可以随时进入，也可以随时流出。

香港楼市的升势已经持续了十余年，其上升周期之长在香港历史上也算罕见。究其原因，一是低利率环境；二是内地持续十余年的货币扩张政策；三是内地游资来香港投资房地产的热情及力度。香港房价何去何从，还要看内地货币政策及楼市。

（*2017年7月*）

港元的历史轮回：
2016 vs. 1997

历史不会重复，却有惊人的相似。港元于2016年遭遇沽空压力，股市大跌。香港金融管理局总裁陈德霖强调："金融管理局捍卫联系汇率制度的决心毋庸置疑"，不过他没有提这个过程一旦发生，对香港资产价格会带来什么影响。

1997年港元受到冲击的历史背景

1997年港元受到冲击的历史背景是：

1. 美元从1993年起一路升值，港元汇率被大幅高估，服务业竞争力下降。

2. 美联储加息带来全球资产的重新配置，资金流回美元资产。

3. 香港楼价飙升，投机比比皆是，泡沫明显。

4. 经济宏观调控影响内地楼市，亚洲金融风暴令内地经济出现结构性困境。

5. 人民币汇率尚算稳定，中国政府宣布不作竞争性贬值，但是市场预期其会贬值。

6. 东南亚爆发危机后，整个新兴市场风声鹤唳，周边国家资金外逃，汇率大贬，市场情绪极其脆弱。

资金池规模不可同日而语

细观2016年的香港经济形势，颇有似曾相识的感觉。不过，2016年与1997年仍有巨大差别：

1. 香港经济规模大了许多，内地经济规模更大，中国人民银行及中资银行在香港的影响力和渗透力不可同日而语。

2. 如今港股指数中，中资成分大增，它们对香港利率并不敏感。

3. 银行体系结余这个资金池的规模，现在比当年大出100倍，投机客需要用比当年大得多的资金和杠杆才能撬动港元汇率。

4. 现在的金融市场较当年发达了许多，复杂了许多，衍生品和结构性产品比比皆是，场外交易大行其道，市场透明度下降，监管更困难。

5. 在全球QE下，资金成本大幅下降，杠杆沽空的机会成本空前低下。

"双干预"战"双沽空"

1997年香港到底发生了什么？亚洲金融风暴后，投机资金寻找下一个狙击目标，香港联系汇率被盯上了。投机资金的主要战术是"双沽空"，首先在股市逐步买下大量沽空合约，然后突然沽空港元，迫使金融管理局干预汇市，购回港元，港元流动性收缩，银行间利率抽升，楼市大跌，股市崩盘，投机者在股市沽空中获利。

如此股汇双空在1997—1998年间总共进行过四次，前三次香港在股市、楼市损失惨重。第四次香港政府改变策略，进行"双干预"，不仅干预汇市，捍卫联系汇率，同时动用外汇储备，买入蓝筹港股。香港政府在股市的出击不仅推高港股指数，还抽干蓝筹股票，令沽空者无法平仓，投机资金损失惨重，香港政府赢得漂亮一仗。

不过真正打垮投机者的是俄罗斯爆发危机，叶利钦违约并实施资本管制，令杠杆炒作俄债的对冲基金陷入流动性困境，长期资本倒闭，其他基金无法再行高杠杆炒作港元。从某种意义上讲，香港的胜利多少有点侥幸的成分。

联系汇率制受两个经济体同期影响

1997年后，香港金融管理局对联系汇率机制作出微调，银行体系结余大幅增加，金融机构在危机中能够更容易地得到流动性，"任一招"变成"任七招"。不过改变主要集中在流动性规模上，当年狙击港元的游资规模未必还能将香港推入绝境，但是联系汇率在更多的资金、更高的杠杆下如何表现，我们尚不知晓。

理论上讲，联系汇率的稳固程度受到两个经济体的周期影响。当小货币经济比大货币经济强劲时，联系汇率一般很稳定；当大货币经济比小货币经济强劲时，汇率机制比较容易出事。以港元为例，当美国经济强过我国香港经济，美元升值、美国加息、港元汇率被严重高估、资金流向美元区的时候，港元联系汇率吃紧。1997年和2016年基本满足这个条件，这也是实施联系汇率制度32年来，仅有的两次美国和我国香港经济周期错位，我国香港经济基本面弱过美国。

实行联系汇率，从来就隐含着经济在这种情况下出现硬伤的风险。联系汇率之下，香港放弃了自主的货币政策，放弃了汇率调整这一政策选项。在增长进入下行周期时，经济要么通过内部价格下调（工资、楼市、股市），要么通过外部价格下调（汇率），来重建经济均衡。

1997年韩国危机和2008年美国危机，都是通过汇率贬值来卸下大部分经济下滑的压力，重塑竞争力。联系汇率制放弃了汇率调节的可能，资产价格自然需要更深的调整，这是符合经济学逻辑的，只是为政者回避了这个话题而已。

金融自由港好处多

联系汇率曾给香港带来许多好处。联系汇率制在香港回归的历史时刻，对于安定人心、维护金融秩序功不可没。联系汇率制为香港提供了一个稳定的金融环境，为香港发展成国际金融中心奠定了基石。没有联系汇率，未必有香港金融业的今天。

长远来看，港元与人民币挂钩更符合逻辑。毕竟香港与内地的经济联系更密切，受内地经济周期、信贷环境和汇率波动的影响更大，香港经济与内地经济在周期上更同步。

目前中国的资本项目尚未完全开放，货币政策的透明度也不高，在可预见的将来人民币与港元并不兼容。香港是金融自由港，与国际资金有着密切的关联，相信此时此刻中国人民银行也不希望香港与内地金融体系对接。

香港特区政府在捍卫联系汇率上表现出强烈的政治决心，又有巨额的外汇储备提供弹药，还有中央政府的支持，联系汇率在可预见的未来出现变化的机会不大。但是，如果港元再受冲击，港元资产会不会因为利率升高而受到伤害，就不得而知了。

联系汇率制需要强大的竞争力作为后盾

对于沽空投机者，港人习惯称其为金融大鳄，对其的厌恶感跃然纸上。在笔者看来，沽空者寻求的是基本面与价格的错位，并顺势攻击之。如果经济状况好，投机客很少摸上门来，沽空者群袭就更少。这和感冒与免疫力之间的关系是同一道理。

由于将货币政策拱手交出，联系汇率制经济需要更高的财政纪律要求、更强的竞争能力和适应性。如果做不到，代价很大，阿根廷就是一个例子。

联系汇率是一个敏感的话题，笔者执笔之前犹豫再三。笔者的团队曾经成功地预言了亚洲金融危机，但是整个团队却成为危机的牺牲者，所在公司于1998年初被关闭，那是笔者职业生涯中唯一一次被解雇，惨痛记忆至今清晰。覆巢之下安有完卵，愿笔者的担忧是错误的。

（2016年2月）

港股A股化
与金融大时代

2015年3月笔者提出港股A股化的概念。没过多久在"港A股"的大旗下，内地资金涌入，用炒A股的手法投资港股，每天2000亿港元的成交量虽比起A股市场还有差距，但是已令香港股民看得目瞪口呆，这也让香港股市成为全球第三大股市。

南下资金大举入市

某位内地投资者闻风冲入香港股市，朋友告诉他股票注意事项："买中交建"，这位仁兄大手笔买入中行、交行、建行三家银行。这也许是一个极端的例子，不过此轮内地资金狂炒港股，用鱼龙混珠、沙石俱下、雷霆万钧来形容并不过分。

内地的"土豪"闯入海外资本市场，遭遇到的第一个绊马索不是被外资沽空，而是"丁蟹效应"。相传电视明星郑少秋每逢有新节目面世，港股必下跌。这种关联度尚未找到任何合理的解释，却十发九中。这次郑少秋要挑战的是中国人民银行。中国政府唱好股市，"丁蟹效应"能否如过去那般灵验不得而知。笔者看来，南下资金大举入市才刚刚开始，香港资本市场进入了一个新的篇章。

内地资金介入港股，可以分成三期。中国证监会允许公募基金投资港股后，最初冲入港股的不是公募基金，而是公募基金经理自己的钱、其朋友的钱以及各路"土豪"的钱。在第一期，资金寻求A股中走红概念在香港的估值洼地以及A股、H股之间的股价偏离，避免外资集中股，避免庄股。第二期，内地机构投资者开始登场，仍然避免与外资发生直接冲突，以国企中等体量公司为投资目标。第三期则有大量中资（即所谓国家队）潮涌般进入，投资理念和手法趋向规范，做足尽职调查与研究，以国企蓝筹为投资目标。这三期时间上互有重合，目前是在第二期。

股市上涨是政策

在港股A股化初期，本地对冲基金和散户冲得勇猛，外资基金却有不少踏空。不是基金分析员没有看到小盘股的机会，而是亚洲的基金CIO（首席信息官）和风险控制部门认为这是泡沫和疯狂。当狂牛由小盘股转向国企股时，观望的亚洲基金开始介入，不过全球CIO们仍认为这是泡沫和疯狂。

纽约、伦敦的CIO们，对于价值投资有自己长年积累下来的立场和定力，A股与H股估值之差，其实反映着两类不同理念的投资者对风险溢价的判断。不过，海外投资者对中国资金的脾性和疯狂不甚了解，对中国政府想做的事情也不甚敏感。

股市上涨，不仅是股市的事情，更是政策的事情。经济日渐低迷，中国人民银行不断通过常规和非常规政策放松银根，但是银行却无法将流动性传导到实体经济中去，国务院在2014年下半年两次各推出十条措施解决企业融资难、融资贵的困境，政策效果却不明显。

资本市场成为中国政府向实体经济投送流动性的主渠道，难怪《人民日报》、新华社唱好股市，其意在刺激经济。美国人讲，莫与联储斗；中国人讲，要相信政府。这两句话不是永远正确，但多数时候是对的，即所谓顺势操作。

内地资金成为港股的重要力量

然而，由于金融业结构性问题，实体经济好似一个长颈花瓶，人民银行一桶水倒下去，实体经济这个花瓶仅得些微，多数流动性都溢向了股市。近来由于市场对A股估值心存警惕，部分资金转投港股，于是香港资本市场也成了中国内地货币政策的受益者。对实体经济愈悲观，对港股愈看好，这是一个荒谬的逻辑，却是五年前美股、三年前日股、一年前欧股走强的原因，黑色幽默这次发生在A股身上，然后会发生在港A股身上。

香港资本市场在国企集资和人民币国际化两个国际战略中肩负着重要使命，北资南下只要不伤及A股市场的大局，笔者相信国家乐观其成。有朝一日，香港股市的集资金额也可能被计入全社会融资。H股与A股之间价格差的缩小，是开放资本项目、允许资金跨境流动时机是否成熟的一个重要指标。内地资金成为香港股市日渐重要的一支力量，是大趋势，无可避免。

港股A股化这个假设是否成立？笔者认为在任何一个股市，

小股都有被爆炒的空间，各国股市都曾有过疯狂的经历，但是股市投资最终要回归到基本面，A股与港股也不会例外。脱离了基本面的股价飙升，一定无法持久，这个过程不过是财富再分配的零和游戏。内地资金在香港资本市场介入度愈来愈高是一个趋势，随着人民币国际化和放松资金跨境监管，香港市场必然会感受到内地资金的一些特质。

例如，对于海外基金经理，中国内地的银行不过是他投资组合中的一组数码，但是中国内地的资金对工商银行、建设银行的品牌认知度明显与外资同行不同，愿意承受的风险溢价也不同。一旦中国内地的资金持有更多中国银行的股份，银行的风险溢价自然会出现调整。再比如，香港市场过去从来没有一个活跃的中小科技公司的交易平台，因为海外基金多在美国作此类投资配置。中国内地资金对此类公司的兴趣明显比较大，而且愿意在香港市场接受较高的溢价。

在中国香港，股票一年的换手率平均只有70%，美国为100%，韩国为130%，这和港股市场中机构投资者占主导有关（大量内地公司在港上市，但是多数内地居民无法投资），香港本土散户势力较小。沪港通以及今后资本市场的进一步开放，势必带来更多内地投资者的加入，港股交投势必更活跃。Warrant（认股证）、T+0等内地股市所未见的交易工具、特性，势必拔高港股的成交量。

如果在资本市场直接融资是中国政府对抗银行去中介化的处方的话，可以想象香港的一级资本市场会进一步活跃。也许内地巨无霸上市项目不多了，但是上市集资需求十分巨大。在香港，海外资本的供应与内地的需求直接对接，凸显出香港在中国整体经济中的战略意义。

中国资金出海

此文意在抛砖引玉，从宏观的角度探讨内地资金全面介入香港资本市场的意义。本文绝非投资建议也不代表笔者所在公司的立场。跟着经济学家炒股，你会输掉裤子的，不过听听经济学家讲大势，还是值得的。

中国资金出海，会成为今后十年全球资本市场的几个大故事之一。中国不是世界上最大的经济体，亦非最大的资金源，但是历史上从未有过如此庞大的经济体一次性地开放资本项目、高储蓄全方位涌向海外市场。在人民币国际化的过程中，香港占有天时地利人和，其优势非任何一个内地城市或海外金融中心可以媲美，又有国家战略、政策成人之美，如何善用资源，寻求商机，应该是香港特区政府以及金融机构应该考虑的。香港面临的不仅是巨额南下资金，更是一个金融大时代的开启。

（2015年4月）

香港能不能
成为硅谷？

5.5

看到这个标题，估计大多数读者都会笑了。硅谷盛产创新企业，而香港只有炒家，两者的形象几乎是南辕北辙。

直至20世纪70年代，硅谷还是一片农地，最出名的是樱桃，常有市民开车过去采摘。很多农场规定当场免费随便吃，摘下来带回家则需要付费。当时的硅谷没有创新企业，也没有创投基金。

硅谷后来成为创新企业集聚地，就是把创意、资金和人才聚到了一起，在一个相对宽松的环境下形成集群效应，形成产业链。

发挥香港的人才引进机制

香港有没有创意？没有多少，之前的电影行业较有创意，现在只能在发展商卖楼上见到些微创意。不过，全中国却有许多的创意，这些年成就了不少颇有新意的企业、行业。樱桃园里其实也没有什么创意，硅谷的创意来自全美国、全世界。香港有没有资金，非常多，只是VC（风险投资）全跑到内地去找生意了。

人才是一个大瓶颈。美国的学习成绩不佳的肄业生如盖茨、乔布斯在自家的车库里琢磨点子，于是打造出微软、苹果这样的伟大企业。中国香港的学习成绩不佳者多数当了房地产中介，于是炒出了世界一流的房价。

不过硅谷的人才绝大多数来自全美国、全世界。香港的人才引进机制不差，从中环金融客到家庭佣工都不错，香港企业想引进的多可以做到，只是其注意力从来没有放在创投行业上，移民名额严重倾向于夫妻团聚类。

与深圳互补可成为创投中心

从创意、资金、人才标准看，香港其实有能力成为一个创投中心，世界级的金融平台更可以令其如虎添翼，但是没有人做此事。除此三要素外，一个相对宽松的工作和生活环境十分重要，这是硅谷优胜于纽约、芝加哥之处，香港的生活成本、生活质量均有待改善。

香港有国际一流的全球视野、法治精神和资本市场，倚靠着庞大的内地市场。不过在把握内地新趋势、新科技上略显"不接地气"，产业不足。香港与深圳，各有鲜明的特点，彼此之间有较强的互补性，如果两地能够将这种互补真正打通，前途不可估量。创建新的硅谷需要政府在制度上开拓，但主要靠产业链的形成、创意思想的碰撞、人才的汇聚。

（2017年6月）

陆

特朗普主义与全球化逆转

特朗普主义

特朗普主义对世界的影响，会远远长过特朗普在白宫的四年或八年；特朗普主义对世界的冲击，也会远远超出人们的想象。欧洲很快会出现一个又一个特朗普，特朗普之后的美国还会有新的特朗普。今后20年，我们需要面对的不是特朗普一个人，而是特朗普主义。

特朗普主义是一种思潮，一种以民粹主义为特色的反建制思潮。这是对战后建立起来的政治、经济、贸易、社会秩序的一次清算，也标志着全球化趋势逆转的开始。

全球化后期贫富更悬殊

全球化带来了商品的自由贸易、生产线的全球分布、资金的跨境流动，欧洲甚至尝试了人员的自由居住。全球化刺激了生产力的提高，经济的繁荣，第二次世界大战后再也没有出现大规模的战争。但是全球化的后期，低端就业从发达国家消失了，资产投机带来汇率、市场乱波，财富分配严重不均。2008年的全球金融危机，原本为改革提供了一个契机，但是执政者却勇于印钞、疏于求变，贫富更加悬殊，低收入阶层上升的机会被固化，愤怒与绝望，成为极端政党、极端思潮在民粹主义闪光灯下上位的良机，政治黑天鹅事件迭出。

从经济学角度看，全球化逆转意味着生产率下降、生产成本上升，最终需要消费者买单。这个过程中全球增长水平出现结构性下移，所有国家都是输家。相对而言，美国、中国等大陆型经济体受到的冲击较小，因为其内需市场能维持其经济的运行。新加坡、中国香港等严重依赖外部物流、资金进行经济活动的经济体，则面临严峻的考验。

欧洲是最大的牺牲者

欧洲曾经是全球化运动的发源地，当年的欧洲共同体概念就是贸易自由流动的范本。欧盟与欧元，又是全球化进入更高阶段的一场尝试，试图在国家之上建立跨国协调机制和跨主权货币，欧洲甚至要在接纳叙利亚移民上一致行动。欧洲是特朗普主义崛起的最大牺牲者。

从意大利到法国，再到欧洲小国，传统的主流政党被选民所抛弃，极端政党揭竿而起，打烂现有政治架构、疑欧成为他们共同的要求。欧洲的"特朗普们"对全球经济、市场带来的冲击，估计远大过美国的特朗普带来的冲击，这是由欧洲的政治、经济体制所决定的，欧元这个人为货币和脆弱的银行体系可能被放大，随之产生市场动荡，其后的地缘政治变局根本无法评估。

特朗普经济主张的可操作性不足

特朗普主义中的许多经济主张其实是彼此矛盾的，既要马儿跑，又要马儿不吃草。特朗普一方面希望大搞财政扩张，另一方面要求美联储货币政策正常化；一方面要增加财政赤字，另一方面打算制裁美国最大的几个海外金主。

年轻时的特朗普要么没有选修经济学，要么经济学课程不及格。特朗普主义的经济主张基本上停留在理念上，可操作性不足，经济精英们似乎也不是很热心帮助他建立可行的政策框架并落实细节。有可能执政的法国、意大利极端政党，也存在同样的问题。建立一个机制，远远难过摧毁一个机制。

美国能源自足海外战略意义下降

美国人对于追求他们心目中的"普世价值"有着异乎寻常的执着，并且愿意为此付出代价。战后的马歇尔计划、日本重建计划，是其代表作。北美自由贸易区，也是一个"牺牲小我成就大我"的例子。这是美国维持战后世界秩序的底蕴，是自由主义在全世界扩张的动力。

在特朗普的引导下，美国转向门罗主义式自我锁国，其实有其经济背景。制造业重回美国已有长足进展，如果假以税收优惠，再加上低廉的能源价格，跨国企业回归、美国经济再平衡确有希望。政府的财政收支有所改善，政府发债数量减少，美国对海外资金的依赖程度下降。美国的科技创新不断涌现，在世界上的领先地位得到增强。几年内美国便可实现能源自给自足，波斯湾、北非的经济战略意义明显下降，海外军事收缩短期内不至于直接影响国内经济。

（*2016年12月*）

QE退潮——大逆转中的风险与机遇

TPP
快寿终正寝了

美国过去在贸易谈判上放弃权益，企图排挤中国，却因此犯了战略上的错误；没抢到贸易主导权，还让经济复苏缓慢，TPP，一脚踢到了谁的屁屁？

《跨太平洋伙伴关系协议》——TPP，被中国人戏称为踢屁屁。这个特意排斥中国的多边贸易协议，一度被认为踢到了中国的屁屁，不料美国人一脚飞起，却踢到了自己的屁屁。

特朗普痛恨贸易开放

奥巴马极其重视TPP，那是美国新的贸易框架基石，也是美国重返亚洲的经济支撑点，然而，奥巴马内阁在推动TPP上犯了战略错误。美国政府太希望打击中国，重夺贸易主导权，所以在贸易谈判中放弃了太多权益，希望用其他国家在知识产权等领域的承诺，说服美国选民这是一份值得接受的贸易协议。

如果放在十年前，放弃眼前利益追求普世价值还有可能被一般选民所接受；但是金融危机之后，美国经济复苏缓慢，底层工人的生活状况未见改善，反全球化成为新的潮流，放弃国民利益成就海外的战略目标，在美国根本没有市场。

当年的《北美自由贸易协议》（NAFTA），以及之后的世界贸易组织（WTO），都令美国制造业的就业机会被摧毁，政府从来没能成功解释为何TPP不会令更多的美国人失业，于是这个成了2016选举年的票房毒药，总统候选人竞相批判TPP。不仅特朗普痛恨贸易开放，希拉里也不会重推TPP。

利用贸易协议难达政治目的

亚洲不少国家冒着得罪中国的风险加入了TPP，许多国家的第一大出口市场是中国。可以肯定的是，下一次参加美国的地缘政治合唱前，这些国家都会三思而后行。美国的军事力量无疑是巨大的，但战争并不是每天都发生，而贸易每时每刻在制造着利益，刺激着沟通与融合。美国如果不能在亚洲重夺经济主导权，那么它在维持政治主导权上一定会困难重重。

环太平洋地区涵盖世界六成的工业生产和人口。构筑一个与时俱进、平等互利的贸易框架，符合这个地区的利益，符合世界经济发展的趋势。但是利用贸易协议达到政治目的不可取也不现实。很难想象排斥中国（世界第二大经济体和最大的贸易体）的区域贸易协议，可以持续成功。让贸易协议回归贸易属性，促进各国经济的融合与繁荣才是正道。

（2016年10月）

弹劾特朗普？难！
但是……

美国总统特朗普，正式被独立委员会调查。美国司法部于2017年5月17日宣布，委任前FBI局长穆勒为特别顾问，主持调查特朗普竞选团队与俄罗斯之间的关系。

特朗普入主白宫后，不断使用商业手法来管制国家，不断被碰得头破血流。最新事件是戏剧性地炒掉FBI局长科米，还洋洋得意地暗示自己可能对上次两人会晤进行了录音。殊不知，对方是特务头子，早就对每次与总统的会面作出同期记录，并将记录以备忘录形式知会内部高层。科米被解职后，这份备忘录神秘地释放给《纽约时报》，显示特朗普要求科米停止调查前国家安全顾问弗林与俄罗斯之间的关系。如果此备忘录属实，就会构成特朗普干预司法公正的事实。

特朗普以身试法

这一消息震惊政坛，不仅民主党人大兴问罪之师，连党友、共和党重量级参议员麦凯恩也形容事件已发展到"水门事件级别"，几个国会委员会准备展开听证，并要求当事方移交一切记录。特朗普掉入了他从未经历过的司法陷阱，受到弹劾的风险骤升。当年尼克松也只是通过白宫助手试图影响司法程序，特朗普则轻易地以身试法了。

从目前可以看到的公开数据看，特朗普团队中有人与俄罗斯暗通款曲的可能性颇高，以换取对方通过社交媒体施以的支持。这个可能会影响特朗普的公信力，如果爆出新的丑闻，杀伤力可能更大。特朗普对科米的一席话，却是总统干预FBI的独立调查，涉嫌妨碍司法公正，为弹劾程序打开了大门。

共和党不至于倒戈

美国历史上曾有过三次国会弹劾。19世纪约翰逊以微弱票数躲过了参议院弹劾投票。20世纪70年代，尼克松在众议院投票前主动辞职，承担了水门窃听事件的责任。90年代的莱温斯基事件，众议院投票不支持弹劾克林顿。尼克松是历史上唯一一位因弹劾案而辞职的美国总统。

在美国，弹劾一位总统比在韩国、巴西困难许多。首先，必须确认科米备忘录的真实有效性，白宫已经否认了这一次对话。其次，必须确认特朗普的行为构成"叛国、受贿或其他犯罪或不守操守"。进入国会程序后，众议院需要过半数的票数启动弹劾程序，参议院需要三分之二的票数通过弹劾。

在共和党把持国会两院的情况下，弹劾一位共和党总统的难度颇大。共和党议员对特朗普入主白宫后的所作所为，多数人持沉默态度，因为尽管政治精英看不惯他，但他在民间还是有声望的，甚至有一批铁票。在党内出现反叛，不仅需要有强烈的选区选民呼声还要有党内大佬举起叛旗。以目前的情形看，共和党议员似乎还不至于出现大规模倒戈，因此特朗普弹劾未必会通过。现在的议员，比起尼克松时代更现实、更愿意无视道德底线。当然不排除新的证据被爆出来，引得群情激愤，归根到底议员们有选票的压力。

输掉改革美国经济的承诺

此事对特朗普执政以及市场的最大影响，在于他厉行改革的窗口期已经彻底关闭。之前，尽管他被体制撞得鼻青脸肿，但无生命安全之虞。这次真的可能威胁特朗普的政治生命，整个内阁必须全力以赴地化解危机。同时，在国会内民主党更加群情激愤，共和党也需要拉开距离，行政当局与立法当局之间的合作空间消失了，特朗普内阁与共和党高层之间密谋突破的空间也基本消失了。

市场一直对特朗普的改革大计和基建投资寄予厚望，美股大涨、美元大涨，甚至已经进入尾声的债市牛市也被拉长。然而，特朗普贸易踏空的风险愈来愈高，他的全面税改承诺也离现实愈来愈远，少了税改不知他如何重燃企业家精神，如何让美国重新伟大。

事件仍在发酵中，仍存在众多不确定性。不过科米门的最大输家可能不是特朗普的美国总统宝座，而是他改革美国经济的承诺。

（2017年5月）

特朗普
与供给侧改革

　　医改方案的挫败，让外界开始担心特朗普内阁的改革能力。然而市场的失望，只反映了期待上的偏差，比起需求刺激，特朗普更重视的是供给侧改革。

招财童子光环褪色

　　对于美股，总统特朗普是21世纪以来最大的招财童子。他当选后的四个月，股市出现最大升幅（"9.11"事件及雷曼危机暴跌后的反弹除外），美股屡创新高，连带全世界的风险资产同步上扬，市场情绪大幅改善。

　　然而，特朗普医改方案折戟沉沙，共和党内部右翼势力坚持不妥协，其在白宫及两院的多数席位并没有为特朗普改革大计开绿灯，市场开始担心特朗普内阁的执政能力和推进改革的能力，招财童子的光环开始褪色。

　　市场对特朗普的期待，在笔者看来有偏差。其实，特朗普经济政策的核心思路不是需求刺激，而是供给侧突破。毫无疑问，他希望通过基础设施建设带动经济与就业，这也是特朗普交易所聚焦的，是股市不断上涨的底气。不过，特朗普试图努力达成的是税制改革和放松金融监管。这些是结构性改革，旨在重燃美国的企业家精神。

供给侧改革被现有机制所阻碍

雷曼危机至今已有九年，消费早已复苏了，但企业投资却仍裹足不前，公司情愿回购股票也不投资。根本原因不是最终需求不足，而是企业对未来信心不足。降税和去监管，为的是改善营商环境、减轻企业负担，唯有如此才能制造就业机会，才能"让美国再次伟大"。

大约每40年，美国就出现一位"重建总统"，聚焦于供给端经济，推倒既有经济架构，构建新的营商环境，上一位是20世纪80年代初的里根。特朗普在直觉和行事逻辑上，具有不少"重建总统"的特性。

但特朗普能不能真的在供给侧改革上杀出血路，唯有时间可以给出答案。特朗普本人是商人，对经济学理解不深，对所谓供给侧改革，他的直觉与天性多过切实需要，一旦遇阻随时可能转方向。同时，特朗普在体制内经验不足，对国会乃至本党议员欠缺掌控能力。他的改革方案（如果有的话）可能被现有机制所阻碍、缩水，甚至绞杀。

需求端刺激还是供给侧改革，世界上许多政府都面临着同样的抉择。如何冲破利益的藩篱，为经济谋一条生路，是后QE（量化宽松）时代无法回避的问题。

（2017年4月）

强美元，
弱美元？

克林顿时代一向奉行强美元，但特朗普却认为美元太强，这和现任财政部长的理念有分歧。对照他竞选时的口号"让美国再次强盛"，维持强势美元可能还有其必要性。

特朗普最近发炮，认为美元汇率过于强劲。言语甫出，美元大跌。几天后，他的财政部长却声称，强美元符合美国的长远利益。这次关于美元的不和谐声音，其实反映的是不同的经济政策重心。

美元——QE世界的异类

特朗普的经商黄金期（也是他的破产高发期）是20世纪八九十年代，当时美日在汇率上斗法，以期获得竞争优势（尤其在汽车行业），令他印象深刻。特朗普比精英们更深刻地认识到中产以下阶级的绝望与愤怒。他巧妙地利用社交媒体将愤怒化为选票，成就了一场选举逆袭。他的竞选口号"让美国再次强盛"，一个重要环节就是制造就业机会，汇率政策和贸易谈判乃是基石。

自克林顿时期的财长鲁宾以来，美国财政部一直奉行强美元政策。强美元带来海外资金的流入，令外国储蓄为美国所用，拉低利率和资金成本，减轻财政负担，刺激楼市、股市，也为美国创新行业提供资金。

这两种观点，前者意在帮助制造业，后者试图用动态金融制造新的增长点。此刻的问题是，哪一种更接近现实，得手的把握更大一些。笔者认为，强美元的目标更容易实现。世界各大央行中，美联储是唯一明言升息的，不仅升息力度在加大，甚至打算收缩资产负债表，减少流动性。这就使得美元成为QE世界的异类。

狂野总统面对现实

从经济增长看，美国就业复苏远超前于其他国家，完全就业之下，工资上涨也开始加速，通胀压力时隐时现，加上地缘政治和欧洲选举变数，美元作为强势货币，估计会持续一段时间。当然，由于美元前一段时间升值过急，因应经济数据或政治消息，短期内汇率回调并不意外。

最近特朗普的许多政策基调都出现修正甚至转向，他正从一个狂野的候选人转变为面对现实的总统，说明他有能力听取不同意见，甚至"打倒昨天之我"。

相信特朗普将时不时谈谈弱美元，为升得过急的汇率降温，但是，美国会维持强势美元，唯有如此，才能将资金成本保持在较低的水平，为财税改革背书，为缓慢实现货币环境正常化制造稳定的环境。"让美国再次强盛"，不靠弱美元。

（2017年4月）

特朗普
陷于制度苦斗

6.6

美国总统特朗普上任八周后才披露财政框架，却被学者批评缺乏细节。靠着一张大嘴巴和推特赢得大位的他，该学着如何与体制周旋了。

财政大计尽显强弱

特朗普的强项是单打独斗。他在总统选举中单枪匹马，凭着一张大嘴巴和推特，将整个精英体制打翻在地，掀起一场美国大革命。特朗普的弱项是在体制内周旋，因为他缺少对人的尊重和对细节的关注。据说他从商时在办公室三分之一的时间要花在和律师通电话上。

在上任的第一个十天里，特朗普推出了21项行政命令，签署了五项法案，雷厉风行，令人瞩目。随后，他便陷入了与制度的苦斗，挣扎于将竞选承诺变成政策细节。

没有什么比他的财政大计更能对比他的强项与弱项，更能折射出他昨日的辉煌和今日的尴尬。竞选时，特朗普推出了全新的经济政策理念：大范围减税、扩大基础建设、停止QE。理念颇似当年里根政府的主张。取得总统宝座后，美股飙升，因为市场喜欢他的重商风格，喜欢他的投资概念。尽管细节阙如，市场仍耐心地等待着，在欢乐中等待着。

减税和基建将在2018年见真章

然而，特朗普的财政政策一直没有细节出台。上任8个星期后，民众终于等到了财政框架的披露日。岂料财政框架还是停留在竞选语言层面上，缺乏细节。经济学家克鲁格曼将特朗普政府的财政框架称为"财政"框架，既没有细也没有节。

首先，特朗普内阁中讲情怀的人多，关注细节的人少；体制内负责执行的人得不到信任，还面临大裁员的威胁。其次，团队中缺少与共和党和国会进行妥善沟通的人才，新政府在与建制的沟通上常不得要领。最后，特朗普所说的两万亿美元公共开支是竞选时凭空造出来的，真到落实时自然发现有庞大的资金缺口，这种花钱方式在共和党的国会议员中也遇到了严重抵触。

必须明白，特朗普不再是靠推特就可以指点江山了，他需要与体制周旋，通过妥协达成目的，即使谈判失败也要赔笑脸。这不是他的强项，更不是他的性格，但却是他成为美国总统后摆脱不了的宿命。

笔者认为，特朗普的减税和基建大计恐怕到2018年才有大突破，规模也一定缩水。到2017年中，市场对他的财政方案细节就已感到失望，股市建立在Trumpflation（特朗普通胀）上的乐观情绪将遭遇挑战。

（2017年3月）

英国公投的
历史意义深远

　　英国人的自决公投，让欧洲大地颤栗，让全球市场泣血。英国脱欧公投以51.9%的优势票数，向欧盟说"离开"，向英国战后70年的外交基调说"政变"，首相卡梅伦黯然辞职，德国总理默克尔称之为"欧洲的一个转折点"。

　　由于市场精英们多数认为留欧派会取得最后的胜利，此次公投结果令市场猝不及防，风险资产市场一日内损失2.1万亿美元，恐慌指数VIX陡升至25，远高过近年平均15的水平。英镑汇率跌到30年来的低点，日元、瑞士法郎等避险天堂货币飙升，汇市出现近年罕见的动荡。英国富时指数暴挫，全球银行股一日之间蒸发了4 000亿美元市值，新兴市场资产亦惨遭抛售。英国10年期国债利率一度下滑到1.02%的历史纪录，市场预期英伦银行注入流动性。2016年6月24日的单日市场表现，坏过雷曼危机或希腊危机中的任何一天。黄金价格上涨5.1%，一度摸高每盎司1 358美元。惊心动魄的一日。惊心动魄源自市场对形势的误判和对风险的错误定价。

对英国金融业的冲击巨大

脱欧公投并无直接法律后果，而是公民对政府发出的指令，脱欧的过程及后果取决于之后英国政府与欧盟的谈判。脱欧的时间、程序以及英国能否享有瑞士那样的自由贸易待遇，一切有待于接下来的谈判，而这很可能要等到新政府成立后才开始。从这个意义上讲，目前出现的对脱欧的量化分析未必准确。

可以肯定的是，英国会经历一段经济衰退，欧盟经济也会因此增长放缓，面临不确定因素，英伦银行和欧洲央行可能需要通过进一步的货币宽松政策来稳定市场和支持经济。脱欧对英国金融业的冲击最大，从监管到市场再到资金流量，伦敦作为世界第二大金融中心的地位面临巨大挑战。金融机构因调整架构而承担新增成本，同时欧洲大陆的资金势必回流，可能有部分机构甚至将部分功能撤出英国。

英国与欧洲大陆的贸易关系也面临变局，受冲击程度取决于之后的谈判。当然，英国无须承担欧盟的部分预算，只不过相比脱离建制所面临的动态损失，短期肯定是得不偿失的。至于移民政策改变使部分欧洲劳工出局所产生的就业机会，与陷入衰退所失去的就业机会相比，所得未必更大；同时，工资上升对通胀和营商成本均带来压力。

欧盟走向衰落的第一步

欧洲失去欧盟中第二大经济体，经济和贸易受到牵连是自然的，不过冲击程度明显小过英国，量化效果有待贸易谈判，根据欧盟《里斯本条约》第50条，英国脱欧程序要在两年内完成。

英国脱欧对欧洲大陆的最大震撼恐怕来自政治层面。英国公投成功，势必刺激其他国家走向公投。在一个极端政党和极端思潮如雨后春笋般壮大的时代，英国所为可能产生多米诺骨牌效应。意大利、西班牙、荷兰甚至法国（以及不少小国）均可能爆出公投潮，这最终或许对人为政治架构欧盟以及人为货币欧元构成生死存亡的挑战，当然，此过程可能在数年内慢慢发生。此次公投可能是欧盟走向衰落的第一步。

对中国的影响

英国脱欧对中国的影响有四个层面：

1. 贸易。英国与欧洲经济增长不景气、市场需求不振会对中国出口带来负面影响，近年来这些国家或地区的需求一直不理想，脱欧的影响估计有限。

2. 金融。资金转流和监管拆散势必对所有的欧洲金融业务造成新增成本，不过中国的金融机构在欧洲的业务量有限，影响较小。

3. 市场黑天鹅事件。英国脱欧将对市场带来巨大冲击，主要因为市场判断出错，潜在的系统性风险应该小过雷曼事件或希腊危机，但是一旦爆出系统性风险的迹象，全球金融市场包括中国市场一定会产生恐慌性抛售。

4.地缘政治。英国脱欧可能是欧盟的一个转折点，欧洲在今后十年估计会在经济衰退、就业困局、政治民粹化和公投冲击中沉沦。作为世界第二大经济体的中国，将与美国竞争成为欧洲的重要制衡势力，果真如此，全球地缘政治格局会有大的改变。

短期内中国政府会采取观望态度，一旦金融与市场风险上升，中国人民银行会通过流动性注入作为稳定性政策。万一爆出黑天鹅事件，不排除央行会降低存款准备金率。

（2016年6月）

陆

特朗普主义与全球化逆转

十年内
欧元消失欧盟缩水

20世纪90年代初笔者刚入投行时，如果去欧洲路演的话，伦敦、巴黎、米兰、法兰克福、阿姆斯特丹等城市一个也不能少，这些国家的退休基金、保险基金、共同基金都由本国的金融中心管理。近几年只去伦敦就可以了，欧洲的资金大部分都由伦敦的金融精英来管理，业绩更好、成本更低，伦敦成了整个欧洲的资金集散地。相比之下，80年代笔者初次去伦敦时，那里多数餐厅的食物不好吃，英国人对食物的品味低过欧洲的一般水平，价钱又贵；这些年有特色的餐厅越开越多，不少是移民开的，餐厅服务员多数带有东欧或南欧的口音。

英国脱离欧盟之后，欧洲的资金势必大量离开英国，金融业这个支柱产业一定会受到重创；英国的移民政策势必改变，餐厅成本一定上升，估计服务质量也会下降。

脱欧危机来得猛去得快

英国在脱欧公投中说出"离开"，市场为之震动。公投后的前两个交易日，全球范围内风险资产蒸发了4万亿美元，此数字超出了雷曼危机或欧债危机的任何两天的损失，创下现代资本主义历史新纪录。但是之后市场的避险情绪明显改善，美股屡创新高，全球股市的市值亦攀上新高。英伦银行在公投后曾表示要通过宽松货币政策来稳定市场，后来它看到了资金的自愈能力，2016年7月例会上卡尼也懒得降息了。脱欧危机似乎来得猛，去得也快。

其实，英国脱欧和雷曼事件有着根本性的不同。雷曼事件是市场危机。雷曼倒闭诱发资金市场冻结，将许多金融企业的风险错配、年期错配暴露出来，高杠杆和衍生产品进一步放大风险，银行间停止拆借流动性，导致金融市场火烧连营，危机如海啸般迅速扩散，摧毁了财富，摧毁了信心。

脱欧谈判越久对实体经济伤害越大

对于英国公投，市场精英一直用精英的思维逻辑来预测结果，主流人群却用"不"来表达一种不满和求变的意愿，公投结果出乎市场的意料，资金作出退场避险的条件反射很正常。资产价格的估值偏高，资金对经济复苏和盈利增长本来就信心不大，羊群心理下资产价格大幅震荡，市场出现极端现象是可以理解的。

笔者看来英国脱欧不具备雷曼式市场危机的基本条件，它更多是一场制度危机。脱欧危机对英国经济带来的影响，是以年来计算的；对全球化的冲击，是以十年来计算的。

脱欧对英国经济的最大冲击来自投资的减少。脱欧程序具有巨大的不确定性，脱欧后英国在欧洲的定位具有巨大的不确定性，相信大多数企业均会搁置投资计划，而这将对经济造成巨大伤害。英国政府在脱欧谈判上拖得越久，实体经济所受到的伤害便越大。至于贸易、通胀、劳工成本均会受到影响。

全球化转折点

更重要的是，英国脱欧可能是全球化过程的一个转折点，它所带来的制度上的冲击或许需要许多年才能看清楚。

第二次世界大战以来，世界就是沿着全球整合、融汇的轨道前进的。标志性事件包括欧洲共同体成立、关税与贸易总协定生效、日本经济崛起、亚洲四小龙腾飞、北美自由贸易区设立、欧元诞生、中国加入WTO。贸易全球化、生产全球化、资金全球化、科技创新全球化，为人类带来了空前的经济繁荣，大规模战争被经济贸易的竞争所代替。

但是，全球化也带来了两大困局：一是蓝领工作在发达国家消失了；二是财富分配日益悬殊。金融海啸本是华尔街玩火所致，最后金融市场反成QE下的赢家。从美国到欧洲，民情日益沸腾，选民的失望和求变心态，导致极端政党、极端思潮席卷大西洋两岸。英国公投的结果只是这场选民运动的一个代表作。保护主义正在政坛掀起一股浪潮，正在扭转全球化的大趋势。恐怖主义本身，就是全球化带来的机会与利益不均衡分配的产物，现在又成为遏制全球化最好的借口。

最大的冲击是欧盟和欧元

长远来看，英国脱欧冲击最大的可能不是英国经济，而是欧盟和欧元。

千百年来人类社会的基本单位是国家，由国家政权（政府、军队、税收、法律等）维持政治的运作，进入近代后民主选举成为国家政治体制的一部分。欧洲共同体和欧盟（以下简称欧盟）是人类政治体制上的一次尝试，它试图在国家之上建立区域性联盟，让贸易、资金、人员更自由地流动，许多政策制定也由国家和区域联盟双层决定。欧盟促进了欧洲的整合与繁荣，欧洲近70年再也没有发生大战。

但是欧盟是一个没有主权支撑的人为政治体制，各国政治家为本国选民/纳税人负责，欧盟与欧洲各国之间出现利益错位便不可避免。南欧国家在控制财政赤字上偏向选民利益，最终触发欧债危机便是国家利益与跨国家利益错位的典型，最终的代价十分沉重。布鲁塞尔制定的移民政策，与各国的自身利益和安全考虑也不一致，错位又被巴黎恐怖袭击和柏林性侵案放大，成为英国选民最终在公投中选择脱欧的一个关键原因。

跨国组织的承诺与国家利益之间的错位趋于表面化

英国公投后，相信欧洲各国会陆续效仿。公投是投机政客吸引选票的利器，公投是选民发泄不满的渠道，公投正逐渐弱化欧盟这个缺少主权支持、建立在政治家信念基础上的政治体制，公投也将一次次踏在市场脆弱的神经上。

欧元作为欧洲联盟的货币表现形式，同样面临严峻挑战。作为一种人造货币，欧元需要每个成员国都遵守严格的财政纪律，但是各国政府是本国选民选出来的，选民的要求很多时候与欧元的要求南辕北辙，国家层面上便会对跨国家层面上的政策阳奉阴违。这种阳奉阴违具有传染性，一个国家不遵守财政承诺，其他国家很快也会效仿，即所谓三个和尚没水喝。

弱国出事，会令欧盟和欧元受到冲击，甚至可能是极其强烈的冲击。不过，令欧盟、欧元走向崩溃的一定是大国拒绝承担义务。俗话说久病床前无孝子，如果德国、法国要不断地为欧盟买单，本国选民迟早会强烈反对，甚至导致政权更替。金主甩手不干了，又没有国家政权的维系，人为政治体制便难以为继。

英国脱欧开创了大国说不的先例，潘多拉盒子从此被打开，跨国组织的承诺与国家利益之间的错位趋向表面化，选民的呼声再也不能被忽视和被压制。

笔者预言，十年内欧元消失，欧盟缩水。

（2016年7月）

欧洲负利率
已到头了

各国在经济衰退阶段不断使出 QE，负利率成为刺激实体经济的险招，但一年来的实施经验显示，负利率不但未能有效促进投资，还可能摧毁储蓄基础。

负利率出现至今不过一年左右，但迅速融入央行继续 QE 的主流。欧洲和日本央行先后走上负利率的道路。负利率的背景是世界各国不断使出 QE，央行几乎买下了整个国债市场，但实体经济仍复苏乏力，经济辗转回落。弹尽粮绝下，央行不得已出此变通之策。

负利率未见其利已受其害

所谓负利率，指的是央行对银行存在央行账户内的超额储蓄课征利息，意在刺激银行放贷以帮助实体经济。

政策原意是好的，但执行效果却不理想。当经济处在衰退阶段，企业盈利递减，银行资金又不足，贷款意愿自然低。银行一方面贷不出钱，另一方面又被央行课息，利差缩小；更惨的是，央行宽松不停，经济却笼罩通缩阴霾，长期利率不断下挫。银行的生意模式是收短钱借长贷，如今长短利差却愈缩愈小，银行利差空间严重受压，导致2016年年初欧洲银行股遭狙击，大蓝筹银行股价出现两位数暴跌。这为负利率政策敲响了警钟。原来，利率并非能由央行任意摆布，极端情况下，市场可能强烈反弹，甚至危及金融稳定。其他央行使用负利率时，也不得不考虑其副作用。

负利率作为刺激实体经济的政策工具，未见其利，已受其害。笔者认为，此招若再大规模、长时间运用，机会已不大。

负利率对经济的伤害，恐怕远不止这些。零利率、负利率清洗了低风险固定收益产品，令保险基金、退休年金失去了传统的投资生存空间，也对企业投资行为构成了冲击。投资和储蓄是现代资本主义根基的正反两面。低利率未能有效恢复投资欲望，但对于摧毁储蓄基础，影响深远。

欧洲央行落猛药

欧洲央行行长德拉吉在记者会上提了一句"不预见进一步的负利率"。应该说，欧洲央行在放水上态度坚决，因为欧洲经济（包括德国等大国经济）均面临衰退阴霾，迫切需要打破目前的僵局。但是缺少改革，光靠货币政策勉强为继，要想重拾可持续增长，确实有一种缘木求鱼的感觉。

相信德拉吉在记者会上的那句话是经过深思熟虑的。欧洲央行政策重心已由央行负利率转向贷款利率。购买企业债券就是央行降低企业融资成本的一招，只是这招利好大型企业多过整体经济。

（2016年3月）

日本银行
政策变奏曲

陆　特朗普主义与全球化逆转

　　日本央行行长黑田东彦的 QE 子弹打光了，负利率兵器打弯了。原以为他会停一停，不料他换了一个武器，接着战斗。为日本央行行长颁发 QE 英雄勋章应该是实至名归的。

　　日本央行实施大规模 QE 接近三年了，高调追求的通胀目标却渐行渐远，经济增长的内在动力依然不足，企业仍缺乏投资信心，收入增长裹足不前，私人消费了无起色。然而，在大幅扩张资产负债表后，日本央行基本买下了日本政府的所有债券，QE 政策面临弹尽粮绝的困境。日本央行随即变阵，通过负利率政策，威逼银行贷款，利诱消费者花钱。

不得已的变招

　　不过负利率并没有带起消费与投资，反而压缩了银行的利率差，威胁到银行的利润和生存。日本的 QQE（定性和定量宽松）政策和 NIRP（负利率）政策，均面临效率不佳和接近极限的情况，日本央行承诺重新评估货币政策框架，寻求政策变化。从这个意义上说，日本央行 2016 年 9 月 21 日的会议格外引人注目。

　　日本货币当局在如何规划新的政策路线图上，静默了两个多月，此时突然出招，对日元汇率、JGB（日本政府债券）市场和股票市场都带来了短期的冲击，黑田就是黑田，他再次让市场感到意外。

日本央行这次最大的政策改变，是将工作重心由对基础货币的数量管理转向对债券利率的价格管理，承诺将10年期国债利率钉在0%（大约目前的水平），换言之，央行明告市场它会在0%价格上无限量接取JGB。通过对10年期债息以及IOER（超额准备金利率）的干预，央行控制整个收益曲线，以此贯彻政策精神。日本央行没有说，但是估计会做的是逐步逆转对资产负债表的扩张，债券购买计划可能渐渐走向净卖出，日本的QE政策似乎出现实质性转向。

这些不代表日本央行在下一轮经济下滑中不再作QE，不代表央行不会通过对国债利率的干预制造相对有利于经济的收益曲线，也不代表央行在今后不会扩大购买资产范围或年期组合，这应该被解读为日本扩大资产负债表（人类历史上最大的QE之一）的货币政策出现了变招，不得已的变招。

安倍第三支箭不见踪影

黑田东彦的新招能拯救日本经济吗？不能。应该说黑田是一位斗士，为提振经济、刺激投资、鼓励消费用尽了洪荒之力，但是他的出发点却是错的。货币是交易的载体，是经济活动的润滑剂，从来都不是实体经济的主体。扩张货币发行，可以制造货币幻影，可以推高资产价格，可以影响汇率，但是对实体经济的推动效果是短暂的，是建立在心理因素之上的。

日本经济走上正轨，需要结构性改革，需要活化劳动力市场，需要激起企业的"动物本能"，需要强化市场效率，这些并非货币政策可以解决的——过去扩张货币数量无法解决，今后调节资本价格同样无法解决。安倍的第三支箭不见踪影才是黑田困境所在。改革不见突破，黑田东彦在QE舞台上的悲剧无可避免，只是剧本略有变化而已。

各大央行的共同难题

承诺将通货膨胀推高到2%以上，在笔者看来不过是诸葛亮的空城计。如果黑田无法兑现信誓旦旦承诺的2%的政策目标，有什么理由相信他可以达成2%以上的目标？央行的承诺是建立在自身的信用基础上的。日本央行近年在信用扩张上的无度和政策效果上的无力，已经摧毁了自己的信用，2%的新目标在旁人眼中不过是遮掩一下之前政策不及格的尴尬而已。

日本央行所为，拉开了全球央行政策调整的大幕。美中欧日英五大央行，经济复苏进展不同，信贷周期位置不同，就业市场情形不同，所面临的政治压力也不同，但是不约而同地走进了货币政策的调整期。没有一个央行手握常规的政策调整路线图，每一个国家都有一本难念的经，都面临着实体经济活动与金融资产价格之间的错位。

如何既有效防控金融风险，又提高经济增长动力，同时还能平衡通胀预期，是各大央行面临的共同难题，没有教科书上有答案可供参考，现有政策工具的效果又普遍不佳。政策变招期，意味着政策透明度下降，央行与市场之间的沟通不顺畅，加上极端的货币环境和极端的资产估值，市场动荡势必增大。这或许正在成为一个新的常态。

风险资产可能受到冲击

日本央行可能在未来逐步回收流动性，这不仅对日本，而且对全世界金融市场均有重大影响。日本央行在QE路上走得最激进、最决绝，资金成本长期极低；日元在相当长的时间内都以贬值为主基调。日元是许多套利交易的资金来源。日元出现风吹草动，全球风险资产（尤其是高息资产与货币）均可能受到冲击，同时伴以风险指数的上升和杠杆率的回撤。

短期来看，以日本央行为首的货币当局在货币政策工具上实施微调，不排除流动性被温和地收紧。

全球范围内，QE合唱已有8年。黑田变奏曲，未必意味着超宽松货币环境的结束，却可能是各国央行政策变招的开始。政策透明度的下降，对风险意识、资金杠杆和资产价格均是一种挑战。

（2016年9月）

柒

新经济智慧

零工经济是通缩的
还是通胀的?

美国马萨诸塞州议员伊丽莎白·沃伦（Elizabeth Warren）对Gig Economy（零工经济）的一番批判，将新经济推上了争议的顶峰。零工经济在中国被称为共享经济，两者不完全相同，不过大体差不多。

对零工经济的批评如下：

1. Uber、BnB、Lyft等在全球范围内迅速蔓延，但是它们的成功是建立在传统出租车和旅居业业务萎缩、收入下降基础上的零和游戏，如此来看，电子商贸对传统零售业、商场的冲击同样令人震撼。

2. 零工经济做得成行成市，但员工收入并未提高，撇开自负生产工具的成本，员工实际受惠不大，而且，员工的医疗保险、社会福利缺失，他们并没有受惠于新经济的扩张，只是将旧经济的就业机会接过来了。

对新行业是通胀

这两点批评以及沃伦的评论，都是从供给端看共享经济，共享经济对整体经济而言是"一鸡死一鸡鸣"的故事，新的营

柒　新经济智慧

运模式的崛起，意味着之前的模式成为夕阳产业。对新行业，这是通胀；对面临竞争的旧行业，这是通缩。但是从需求端看，新模式去除了中间环节，令整体运作更有效率，消费者是最大的受益者。从这个意义上讲，这是生产效率的提高，是"普惠"的社会进步。笔者对零工经济持欢迎态度，因为消费者是最终的受益者。

然而，零工经济目前普遍的问题是靠补贴争取客源，其现金流中相当部分不是来自运营，而是来自创投公司。QE环境下，实体经济乏善可陈，但是资本市场却风风火火。用资本市场的低成本资金拼烧钱，争取市场份额，就使新旧经济的竞争变得不公平了。如果资本市场泡沫破灭，则消费者于消费上所得可能在资本市场输回去（直接或间接地），那又是另外一个故事了。

消费者应受惠

1999年的互联网泡沫经验告诉大家，当时市场上貌似充满生命力的创意公司，未必可以生存下来，不过互联网本身经过市场的锤炼，不仅生存了下来，而且成为新的主流商业模式和生活模式。

笔者认为零工经济也如此，靠资本市场泡沫集资、靠补贴占领市场的弄潮儿十年后未必会存在，但是作为一种新的运作模式，零工经济必然喷薄燎原。经济崛起对与之竞争的旧行业必然带来通缩压力，但是消费者总体上是受惠的。当然，运作模式能否持久只有在不烧钱的情况下才能做出判断。

（2016年5月）

智能金融业
会打碎多少人的饭碗？

智能金融在今后十年内会在许多领域大量替代传统金融，金融从业人员的数量会大幅下降。除非比掌握了深度学习的机器人更有创意抑或在替机器人搔痒或讲笑话上有特殊的才华，否则我不建议你进入金融业。

打败一流围棋棋手

2016年阿尔法狗（AlphaGo）横空出世，打得超一流韩国棋手李世石灰头土脸，它的增强版MASTER，更横扫世界上最强的60位职业围棋手，无一败绩。

围棋曾被认为是世界上最复杂、变化最多的智力游戏，但是人工智能围棋在2016年颠覆了逾千年的围棋传统和思维定式，肆意羞辱了顶级职业棋手一番。围棋不会因此消失，但是围棋再不是从前的围棋，顶级棋手也跌回尘埃。

人工智能在金融业的运作已有数年的历史，只是没有阿尔法狗那么高调、那么富有戏剧性。FinTech（金融科技）对人工智能和大数据领域的支持，从2014年起出现跳跃式增长，并从美国传导到亚洲和欧洲，全球金融业酝酿着一轮革命。

智能金融的四大优势

笔者预言，十年后的金融业将和目前的金融业截然不同。智能金融业可以解决金融信息不对称的情况，金融业的效率、市场效率将大幅提高，同时可能打碎大量金融业人士的饭碗。

智能金融相较传统金融模式，起码有四大优势：

1. 迅速吸收、处理、分析信息的能力。智能金融可以在极短的时间读取、整理和分析全世界范围内的所有公开数据、图像，借此作出投资、借贷、风险管理决定。它在数据分析处理上的能力和人脑根本不在同一个档次。

2. 智能金融可以在线下不知疲倦地学习、回测，通过学习历史和交易记录来提升决策水平的能力远远高过人类。

3. 智能金融没有感情，没有思维定式，可以克服人类的弱点和盲点。

4. 智能金融可以通过大量机器联网，制造出巨大的乘数效应，而不必坠入人类社会中常见的利益、政治等陷阱。事实证明，智能金融是博弈高手，可以不带感情地进行博弈，而金融市场从来都是博弈最多的地方。

中国智能金融起步晚发展快

近年来美国在运用人工智能做资产管理上取得了长足的进步，运作开始成熟，智能投资顾问的表现，普遍优于对冲基金等主动管理型资产管理公司。

中国在智能金融上起步较晚，但是发展极快，将大数据、云计算运用在消费信用、风险管理等领域也有明显进步。笔者相信，假以时日，智能金融会在金融领域全面开花结果，人脑的数据处理能力、学习能力、应变能力、不出错能力，在人工智能面前只能自叹弗如。

如何不被人工智能取代

作为金融人士，你需要有什么样的能力，才能不被人工智能所取代？你需要拥有非公开信息。人工智能的强项是对公开信息的提取、分析，以及作出相应决策。如果信息来自尚未公开的渠道，你就有击败人工智能的机会了。这种非公开信息，不包括分析员在公司门口数进出卡车的数量，或在超市对品牌偏好做调查，因为大数据可以做得更好、更全面。

索罗斯的反向投资理论，是基于对人性的分析，哲学性质多过数理性质，目前尚未看到人工智能在模糊哲理上有什么天分。但索罗斯理论建立在"多数市场参与者是错误的"前提之上，如果市场中人类投资者消失了，索罗斯对着全部是机器人的市场未必能占到便宜。

巴菲特是另一个极端，他熟读公司年报，运用常识进行价值投资，坐怀不乱乃是其心法。人工智能可能有千百招，巴菲特只有一招，基于经验和心法的一招。也许有一天，人工智能可以学会巴菲特那一招，不过对经验、修为的学习、复制、改良，就不是分析数据那么容易了。

你的客户宁可和你打交道。机器始终是机器，能力再强也还是机器，在人与人的感情处理上，机器暂时未见优势。金融业的投资、分析、管控功能可以大量由人工智能代劳，但是与客户的人性交流，恐怕还要由人来做。当然，前提是你面对的客户是人，而不是机器。

笔者认为，智能金融在今后十年内会在许多领域大量替代传统金融，金融从业人员的数量将大幅下降。笔者不建议让子女进入金融业，除非你的子女比掌握了深度学习的机器人更有创意抑或在替机器人搔痒或讲笑话上，有特殊的才华。

其他行业（如会计、律师、医疗、中介）也面临着类似挑战。笔者不认为人类会因此没有工作做，历史上机器的出现，曾让许多工种消失或半消失，人类社会却变得更加繁荣，生产效率更高。

（2017年2月）

新生代的消费模式

中国经济大约每15年换一次主题，作一次转型。1992—2005年，中国经济的主旋律是出口；2006—2016年，中国经济的主旋律是房地产。今天，我们站在了一个新时代的门口，除了周期性经济变局、政策变局，更大的结构性变局已经悄然而至，这些衍变将重塑中国经济，增长点重新洗牌，就业机会重新洗牌，盈利分布重新洗牌。

认识90后才能了解未来消费趋势

下一个15年中国经济的主题是消费，这个恐怕无须笔者再作阐述了，尽人皆知。但是中国消费群体的主要势力在静静地改变，消费习惯也在悄悄地改变。80年代的年轻人拿到一笔收入，最想买的是电视、冰箱；21世纪初的年轻人，拿到一笔收入，最想买的是汽车；现在的年轻人拿到一笔收入，最想买什么？当然是手机，不过一般情况下父母已经帮他们买了，不少人第一个大件购买的是动漫卡通人物，这些卡通人物中的赵云居然是女的，从衣着到武器自由搭配，紫色的皮肤居然卖到200元一件，当然，赵云的武功会因紫色皮肤而大增。笔者无论如何无法接受赵云、荆轲是女的，历史不应该是任意更衣、化妆玩偶，但是这背后却反映出新一代崇尚自由和自我选择。

如今中国的人口中，每六位就有一位是90后。接下来随着00后加入消费大军，年轻一代成为中国消费的主力是必然趋势。也许他们的父辈认为他们稚嫩，也许他们的财力今天还显得窘迫，但是他们却代表着一个新兴的潮流，代表着中国经济的新希望、新特征。要想了解未来的消费趋势，必须认识90后们的消费习惯。

根据OMD（浩腾媒体）产业报告，38%的90后没有储蓄，36%过度消费，只有26%有适当的储蓄，大部分人自称"活在当下"。笔者认为中国居民28%的储蓄率，预计在15年内滑落到5%~6%，这个变化可能对中国经济的中期发展路径与模式带来重大的影响。

20~29岁城市人口中，52%经常去健身房运动，40~49岁人口中只有8%，50岁以上人口中只有4%去健身房运动。中国的动漫游消费增长极其迅速，15~30岁人口是购买的绝对主力。90后消费，较之前的世代有明显不同，他们更注重体验，注重个性，更任性随意，不太在乎上一代眼中的"价值"。

追求自我价值多于工资地位

这一代人对就业的态度也比较特别，更多人追求他们心目中的喜爱，试图实现自我价值，工资、地位对他们是重要的，但重要度低过之前的世代。这一代人比较自信（买房除外），愿意尝试新事物，敢于制造新体验，希望在消费中体现自我、实现自我。

笔者在此只罗列了一些90后的消费、行为特征，篇幅有限，难免挂一漏万。但是毫无疑问，新一代消费者已经在中国出现，他们的消费模式、储蓄模式，将决定中国未来十年的增长路径、商业机会，而且将对全世界消费趋势带来深远的影响。年轻人，好像早上八九点钟的太阳，代表着中国的未来与希望。

（2017年6月）

柒　新经济智慧

从网红张大奕
谈起

QE退潮——大逆转中的风险与机遇

　　2017年阿里巴巴的年会上有一位年轻女子出现，没化什么妆，邻家女孩儿的感觉。此人在神州大地可是大名鼎鼎，叫张大奕，乃是网上红人。张大奕在淘宝上有一个频道，每天出现七八次，每次大约15~20分钟，聊聊她的消费心得，聊聊产品。2017年经她手的销售额可以达到10亿元人民币，据说她的收入比影星范冰冰还多，她一个人的销售量比整个耐克公司在华的网上销售额还大！

　　这些数字的准确度未作探究，不过张大奕现象对零售业带来的冲击，对我们的生活带来的变化，却是毋庸置疑的。张大奕只是电子商业的冰山一角，中国人的消费中有三成是通过电子销售渠道完成的，年轻消费群的比例超过五成。电子支付已经成为国人最常用的支付手段，网上集资已经对传统金融构成直接威胁。

　　IT不是一个产业，而是颠覆所有产业现有运作模式的温床，它同时在改变消费者、人际关系乃至社会生态的技术源头。IT革命所带来的大数据、人工智能以及未知的变革，给人们带来了无穷的遐想空间。

IT革命挑战传统商业

一个女孩子，凭借IT革命所产生的平台，可以创造一家大型企业的销售业绩，这在十年前是不可想象的，在今天却已成为现实，在未来可能成为商业趋势。营商成本因此下降，商业机会扁平化，生产力得以提高，消费者因此得益。另一方面，由于传统商业模式的衰落，就业机会势必减少。目前全世界都出现了GDP复苏，但是工资水平和物价水平却没有出现预料中的大幅上升，其中一个重要原因就是传统商家失去了加价能力，商家给员工涨工资的速度随之放缓。这不是周期性现象，而是IT革命带来的结构性变化。

随着IT革命的进一步深化，人工智能替代人手在笔者看来无可避免。在这个全新的商业生态环境中，就业机会和工资增长分布势必重新洗牌，未来增长和税收形势目前无法评估。乐观者（包括笔者）相信，旧的产业凋零伴随着新产业的兴起，人类未必走到了历史的尽头。但是新的商业模式中，数据成为占据竞争制高点的利器，围起"数据生态圈"的大企业，有能力通过对消费者的精准分析、定向引导、量身定制，成为新时代的商业垄断者。如果这一情况出现，社会生产和经济增长的成果可能集中于一小拨企业、个人手中。垄断最终带来效率下降，分配不均，这是为政者必须面对、需要早日处理的问题。

美国标准普尔科技指数时隔17年再次创出新高，走出了互联网泡沫的阴影。仔细看，当年的巨无霸如因特尔、IBM其实在股价上并没有什么作为。除了苹果、亚马逊外多数当年的弄潮儿也没有太亮眼的表现，不少已经被淘汰或被并购了。今天受到资本热捧的Google、Netflix、Facebook还没有在资本市场出现。港股屡创新高，除了腾讯、汇丰（另有原因）外，恒生指数的走势图看起来就挺不一样。这是资本市场对IT革命所带来的商业变革的反应。

资金选择赌未来

全球股市屡创新高，一个重要的原因就是QE。太多的资金追求有限的资产，金融资产估值暴升难以避免。可是资金并不愚蠢。旧经济的盈利能力缺乏想象空间，不少还面临商业模式过时的挑战。新经济企业估值偏高，与互联网泡沫时期相比，现在的盈利起码是现实存在的，而且未来的想象空间颇大。资金选择赌一把未来。

从现在到科技革命带来的营商模式全面洗牌，估计市场会有几轮调整。目前的弄潮儿们可能会有些倒闭，有些股价会大跌，但是科技革命的步伐不会停止，商业洗牌仍会如约而至，社会变革依然在酝酿中。笔者年轻的时候，成功取决于选对行业；现在的年轻人需要考虑的是自我转型的能力和做人的智慧。

（2017年7月）

QE退潮——大逆转中的风险与机遇

图书在版编目（CIP）数据

QE退潮：大逆转中的风险与机遇/陶冬著 ． —北京：中国人民大学出版社，2018.5
ISBN 978-7-300-25723-5

Ⅰ．①Q… Ⅱ．①陶… Ⅲ．①世界经济-研究 Ⅳ．①F11

中国版本图书馆 CIP 数据核字（2018）第 069608 号

QE 退潮——大逆转中的风险与机遇

陶冬 著

QE Tuichao danizhuan zhong de Fengxian Yu Jiyu

出版发行	中国人民大学出版社		
社　　址	北京中关村大街 31 号	**邮政编码**	100080
电　　话	010-62511242（总编室）	010-62511770（质管部）	
	010-82501766（邮购部）	010-82514148（门市部）	
	010-62515195（发行公司）	010-62515275（盗版举报）	
网　　址	http://www.crup.com.cn		
	http://www.ttrnet.com（人大教研网）		
经　　销	新华书店		
印　　刷	北京联兴盛业印刷股份有限公司		
规　　格	148 mm×210 mm　32 开本	**版　　次**	2018 年 5 月第 1 版
印　　张	6.25 插页 2	**印　　次**	2018 年 5 月第 1 次印刷
字　　数	130 000	**定　　价**	49.00 元

版权所有　侵权必究　印装差错　负责调换